走进医圣祠

杨 磊 编著

中原农民出版社

·郑州·

图书在版编目（CIP）数据

走进医圣祠 / 杨磊编著. —郑州：中原农民出版社, 2022.11
（2023.6重印）

ISBN 978-7-5542-2681-0

Ⅰ.①走… Ⅱ.①杨… Ⅲ.①张仲景（150—219）–生平事迹
②中医学–基本知识 Ⅳ.①K826.2 ②R2

中国版本图书馆CIP数据核字（2022）第227458号

走进医圣祠
ZOUJIN YISHENGCI

出　版　人：刘宏伟
选题策划：马艳茹
责任编辑：马艳茹　尹春霞
责任校对：肜　冰
数字编辑：庞　博
责任印制：孙　瑞
封面设计：杨　柳
版式设计：李新坡
数字支持：大象出版社

出版发行：中原农民出版社
　　　　　地址：郑州市郑东新区祥盛街 27 号 7 层　　邮编：450016
　　　　　电话：0371- 65788690（编辑部）　0371- 65788199（营销部）
经　　销：全国新华书店
印　　刷：河南新华印刷集团有限公司
开　　本：787 mm×1092 mm　1/16
印　　张：18.25
字　　数：310 千字
版　　次：2022 年 11 月第 1 版
印　　次：2023 年 6 月第 2 次印刷
定　　价：56.00 元

如发现印装质量问题，影响阅读，请与印刷公司联系调换。

弘扬仲景文化，传承医圣精神

位于河南省西南部的南阳地区，北靠伏牛山，东扶桐柏山，西依秦岭，南临汉水，是一个三面环山、中间开阔、南部开口的盆地。优越的地理位置和独特的生态环境，造就了南阳悠久的历史和丰富的文化。早在距今 50 多万年前，南召猿人已在这里繁衍生息。在历史的长河里，南阳人才辈出，尤其是出现了许多彪炳史册的文化名人，有著名的谋圣姜子牙、商圣范蠡、科圣张衡、医圣张仲景、智圣诸葛亮等，他们犹如一颗颗璀璨的明珠，照亮了历史的星空。

张仲景，东汉南阳郡涅阳（今河南省邓州市穰东镇）人，是我国古代杰出的医学家。张仲景所生活的时代，距今已近 2000 年，但中华民族并没有忘记这位伟大的医学家，对他的景仰如巍巍高山，对他的祠祀如滔滔江水般绵绵不断。在今天南阳市的东关，在环绕古城的温凉河畔，矗立着一座古雅清幽的院落，集墓、祠为一体，成为人们祭祀、缅怀医圣的神圣之地，也是我们研究、传承和弘扬中医文化的重要基地。张仲景墓及祠，1988 年被国务院公布为第三批全国重点文物保护单位；2008 年，又被国家中医药管理局审核确定为第一批全国中医药文化宣传教育基地。

在河南南阳，医圣张仲景的事迹广为流传。相传张仲景年幼时聪颖好学，博览群书，曾拜同郡名医张伯祖为师。汉灵帝时他被推举为孝廉，汉献帝建安中期官至长沙太守。张仲景所处的时代，社会动荡，战乱频仍，疫病流行，他在公务之暇坐堂行医，被传为千古美谈。他勤求古训，博采众方，聚医家之大成，编著了《伤寒杂病论》。该书成为我国医学史上第一部理、法、方、药俱全的医学经典。张仲景成为南阳文化的优秀代表，同时也是中国中医药文化的核心。然而，由于正史无传，其确切的生平事迹无法查考。关于他的只言片语，散见于部分医书中。西晋时期著名的医学家王叔和，利用太医令的身份，全力搜集整理张仲景《伤寒杂病论》的断章残简，并最终形成《伤寒论》留存于世。到了宋代，由于当时统治阶级对医学的重视，大量的医书被整理和刊刻，于是就有了宋英宗治平二年（1065 年）名医孙奇、林亿等校订的《伤寒论》的刊刻出版，以及后来《金匮玉函要略方论》（后人简称为《金匮要略》）的发现、整理、刊刻。由此《伤寒杂病论》得以合璧并广播天下，张仲景自此逐步走向中医圣坛，金元时期被医家尊称为"亚圣"。明清时期，张仲景的影响力更是跨越医界，成为全民奉仰的圣人，不仅赢得了比较固定的"医圣"名号，而且在医界有了至高的地位。张仲景医圣的形象，在万众的尊崇下被不断地充实、丰满。

明清以来，人们对张仲景的祠祀不断。早在明代嘉靖年间，张仲景便被列为官方和民间的典祀对象。据《南阳县志》记载："宛郡东高阜处，为张家巷，相传有仲景故宅。延曦门东迤北二里，仁济桥西，有仲景墓。明洪武初年，有指挥名郭云者，镇南阳，奉明太祖命修宛城，将各祠墓庙中碑记尽仆，为修城之用，唯仲景墓，仅存其名，而亦仆之，墓随没于耕牧。"明末祝姓人家在仲景墓侧穿井，发现石碣，题曰"汉长沙太守医圣张仲景墓"。至清顺治十三年（1656 年），南阳知府张三异等率众修复仲景之墓，并建祠三楹于墓后。"重门殿庑，冠以高亭，题曰：汉长沙太守医圣张仲景之墓。"冯应鳌的《张仲景灵应碑记》、桑芸的《张仲景祠墓记》详细记录了墓祠创建的经过。医圣墓祠建立后，规模不断扩大，形成正偏两院，正院殿宇庄严辉煌，偏院设亭台楼阁，幽雅清丽，墓祠香火不断，为一时之盛。清末及中华民国时期，医圣祠所有祠田全部被没收，祠院遭到破坏，仅存荒冢一堆，破殿一院。中华人民共和国成立后，医圣祠获得新生，几次重修，终成现在的规模。

如今的南阳张仲景墓及祠，不仅是重要的文物景点，作为国家级重点文物保护单位得以保护，还依托医圣墓祠，建立了张仲景博物馆医圣祠，成为收藏、研究、展示仲景文化和中医药文化的重要场所。这里收藏的东汉针灸陶人，造型质朴，浑身遍布排列成行的针灸穴位，比北宋针灸铜人早了将近 1000 年，是我国最早的人体经络模型之一，堪称稀世珍宝。收藏的白云阁藏本木刻版《伤寒杂病论》，比宋本《伤寒论》《金匮要略》多载方 88 首，其内容比早期版本更加完善。它既是孤本，也是绝本。医圣祠自成立以来，发挥自身优势，举办系列展览，开展丰富多样的社会教育活动，为弘扬中医药文化发挥着积极的作用。如举办"中国传统医德优秀文化展览"，传播中医好声音，讲好中医好故事，树立中医好形象；"大国诺奖路"展览，讲述屠呦呦科学成长之路和获得诺贝尔奖背后的故事；"弘圣斋"名医展馆，展示和宣传中医名家唐祖宣在中医药领域的贡献和科学成就；南阳中医十大名师展览馆，宣传推介南阳中医大师和中医十大名师。与此同时，依托医圣祠，中医药学界在南阳市召开国际或全国不同类型的张仲景学术思想研讨会。当地政府多年来举办张仲景医药文化节，并进行医圣张仲景祭拜活动，进而吸引了大批的中医药专家学者，以及有志于中医药文化事业的各方面人士，提高了南阳乃至河南的知名度，有力地促进了南阳中医药产业的发展。尤其是近十年来，医圣祠不但接待了众多的游客，还被开辟为青少年的第二课堂，学生们在这里受到了爱国主义教育。

《走进医圣祠》是一部全面介绍张仲景墓祠和仲景文化的专著，由张仲景博物馆副馆长杨磊编著。杨磊同志长期在医圣祠工作，对医圣祠的一草一木了如指掌，对仲景文化充满热爱和敬意。她广泛收集医圣墓祠和中医药文化的相关资料，并进行整理和研究，终汇编成册。其中包括医圣张仲景事迹的详细介绍，张仲景墓祠的创建和历史沿革，医圣祠的建筑和碑刻、造像、画廊，医圣祠"三宝"重要藏品的解读，医圣的传说故事，多年来博物馆重要的展览及各种社会教育活动等，最后还附有医圣祠所取得的荣誉、医圣相关诗文等。通读《走进医圣祠》，我们能够快速地、较全面地了解医圣祠的方方面面，能够深刻感悟到中医药文化的博大精深。

中医药文化是中国优秀传统文化的精华，是凝聚着数千年来先民智慧的结晶，是长期以来先民们不断探索、勇于创造的医药文化成果。尤其是张仲景的医学理论，以古代哲学思想为指导，以祖国医学确立的"辨证论治"为原则，成为中医临床治疗的准绳。中华人民共和国成立以来，党和国家非常重视中医药文化的发展，南阳医圣祠得到了科学的保护和发展，开启了中医药文化振兴发展的新征程。2015 年 12 月，习近平总书记在致中国中医科学院成立 60 周年贺信中指出："中医药学是中国古代科学的瑰宝，也是打开中华文明宝库的钥匙。"2021 年 5 月，习近平总书记在南阳市考察调研时来到医圣祠，他指出，中华民族几千年都是靠中医药治病救人，并强调中医药学包含着中华民族几千年的健康养生理念及其实践经验。

"春前有雨花开早，秋后无霜叶落迟。"地处亚热带向暖温带过渡地带的南阳盆地，四季分明，阳光充足，雨量充沛，地形的立体性和气候的过渡性，使南阳成为南北动植物兼有的天然药库。张仲景在《伤寒杂病论》中的经方用药主要选自南北道地中药材，如山茱萸、辛夷、桐桔梗、裕丹参、半夏、杜仲、唐栀子、天麻，为南阳中药材中的八大名产，有"八大宛药"之称。有医圣文化的深厚历史积淀，有得天独厚的天然中药材宝库，南阳在弘扬和传承中医药文化中的作用举足轻重。医圣墓祠，这座具有象征意义的文物古迹，寄托着中医药文化的根和魂，不仅代表着过去，更期望于未来。

刚刚在南阳医圣祠基础上更名组建的张仲景博物院恰逢盛世，承担着更重大的历史使命和社会责任，在努力推进医圣祠文化园项目建设的同时，进一步发挥医圣故里仲景文化优势，打造集文物保护、收藏展览、文化交流、中医诊疗、研学体验、观光旅游等功能于一体的中医文旅综合体。南阳张仲景博物院，任重而道远，将成为一处更加璀璨亮丽的中医药文化坐标，引领中医药文化的守正创新，持续发展，让仲景医药文化昂首阔步走向世界，永放光芒。《走进医圣祠》一书是作者多年来在深耕医圣祠文化的基础上，深入浅出，为读者奉献的一部知识读本。通览此书，我们能更深刻地认识医圣和他所代表的中医药文化。

张得水

2022 年 9 月

医圣祠鸟瞰图

目　录

大疫中走出来的医圣

　　张机，字仲景（约150—219），南阳人，东汉伟大的医学家，汉灵帝时举孝廉，汉献帝时官至长沙太守。

　　张仲景从小天资聪颖，勤奋好学，博览群书，尤其喜爱医学著作，拜同郡名医张伯祖为师，尽得其传。张仲景勤奋钻研医术，决心为民除疾疗病。一日，张仲景去拜访同郡当时在朝名人何颙，何颙和他交谈后，发现他的志向十分坚定，非常钦佩地对他说："你这样热爱医学，又这样聪明而勤奋，将来一定能成为一名好医生。"张仲景听了说："进则救世，退则救民，不能为良相，亦当为良医。"

　　由于张仲景勤奋好学，学问出众，医术超群，造福乡梓，加之为人诚恳，不论贫贱，有求必应，因而南阳无论老少尊卑，都对他很钦佩、敬重，所以他在青年时期就闻名全郡。汉代选拔人才实行察举制，朝廷规定每年郡国首相可推举一位德才兼备并且有声望的人为孝廉，可出任地方官。孝廉因为是推举的，所以后人也称为举人。汉灵帝时，张仲景被推举为南阳郡的孝廉，并因之而出任长沙太守。

在长沙任内，张仲景并没有因为每日繁杂的地方政务而荒疏对医学的爱好和研究。相反，他身为地方长官，从宏观的角度更清楚地看到了疾病给百姓带来的痛苦。一有机会，他便深入民间，体察民情，留心各种疾病，注意搜集民间方剂；闲暇时间，则召见地方名医，商讨医理，诚恳求教，以融汇各家经验，不断丰富自己的医学知识。

此时张仲景的医术已经达到了炉火纯青的程度。他能"察断人病初起于微末，掌握生死之转机"，人们都称赞他是"扁鹊再生"。

公元 195 年以后，大规模的伤寒病开始在全国各地蔓延流行，不到 10 年时间，仅张仲景自己家族 200 多口人就病死了一百三四十口，单因患伤寒而死的就有 90 多口。亲人的离世，让张仲景十分悲痛。"感往昔之沦丧，伤横夭之莫救。"他深知当时的医生大多数不肯探求医经，推演新知，而是各承家传，始终守旧。于是，他决心认真总结前人的医学理论，根据自己丰富的临床实践，参考收集到的大量民间方剂，埋头刻苦著书。经过十几年的努力，终于"撰用《素问》《九卷》《八十一难》《阴阳大论》《胎胪药录》，并平脉辨证，为《伤寒杂病论》合十六卷"。

因为张仲景医术高超，后人称他为"开创之圣，医道之宗"。华佗读了他的《伤寒杂病论》后十分兴奋地说："此真活人书也。"唐代名医孙思邈深有感慨地说："江南诸师秘仲景要方不传，可见其医方之宝贵耶。"由于拥有该书者珍视保密，加之当时印刷条件所限，所以张仲景所著的《伤寒杂病论》十六卷，后代传下来的只有经过晋代名医王叔和改编过的《伤寒论》和《金匮要略》两种。

张仲景所著《伤寒杂病论》融理、法、方、药为一体，开辨证论治之先河，为中医药发展奠定了基础。该书与《黄帝内经》《神农本草经》《难经》并称为祖国医学的四大经典，张仲景亦被后世尊称为"医圣"。

壹

城东·温凉河畔

1　冬不结冰，河水温热；夏季水凉，利于消暑——温凉河的传说

自古以来，河流就是人类生息繁衍的重要活动场所。

古宛城（南阳）依河而建。历史上的宛城城高池深，白河、梅溪河、温凉河以及护城河、寨河，既养育了居住在这片土地上的人们，亦成为宛城天然或人工挖凿的重要屏障。如今，除清代所挖寨河荡然无存外，白河依然河水滔滔，温凉河、梅溪河仍流淌于城市腰际，自明代诞生的护城河，至今还存留在老城区的街巷里……

温凉河，这条发源于紫山山巅火龙庙的冬温夏凉的河流，弯弯曲曲 13 公里，与梅溪河一起，将整个南阳城紧紧地搂在怀里，用她们甘甜的乳汁，哺育着当地人民，成为生命之河。温凉河，顾名思义，河水冬温夏凉。清代光绪时期的《新修南阳县志》载，"温凉河……世传水旧有泉，终冬不冰，盖汤谷之所泄也"，故称温凉河。河道两岸商铺、学堂、医馆林立。后来，温凉河由于污染，变得臭气熏天，鱼虾难寻。2015 年，南阳市开始治理温凉河，河道发生了翻天覆地的变化，成为市民休闲娱乐的好地方。

谈到温凉河，不得不说一说汉城河、梅花寨、仁济桥、明远顶与温凉河和医圣祠的关系。

汉城河发源于独山南麓，河道全长约9公里，因干流穿越汉代宛城遗址而得名。汉城河上游以往的主要作用是浇灌农田，下游主要是排污泄洪，在张仲景墓及祠附近汇入温凉河，是城区东部的主要防洪除涝河道。

梅花寨城始筑于清同治二年（1863年）。寨城东侧的温凉河，西侧、南侧的梅溪河被引入白河作为寨河。根据历史文献和环境线索，张仲景墓及祠东侧温凉河畔即梅花寨城旧址。明清时期，南阳城内逐渐形成了"三横两纵"的街道骨架，清末民初梅花寨城建成后，各寨城内也随之形成了"十"字形的街道骨架。其中东寨城内街道骨架由奎楼街、豆腐街（今仲景路）、东关大街（今新华东路）、达店街（三皇庙街，今医圣祠路）组成，医圣祠就坐落在南阳城东温凉河畔。

仁济桥坐落于温凉河上，明代嘉靖年间封藩唐敬王所建，梅花寨城建成后，仁济桥是进入东寨门的必经之桥，也是通赊旗店大道的必经之处。仁济桥名取"广济仁术"之意，因桥为七孔，民间俗称七孔桥。七孔桥栏杆上镶有仿汉画像石，望柱上有石雕狮子、药葫芦，桥两侧有龙头龙尾。七孔桥也经历过数次重建，1957年为保存桥基汉画像石，原桥拆除改建为五孔石板平桥；1985年按历史风貌重建为七孔桥；2015年温凉河治理，仁济桥加长加固，七孔桥成了九孔桥。仁济桥是见证张仲景墓及祠历史变迁的重要环境要素，原位置重建后依然保持历史的交通功能。

明远顶坐落于城东北隅，在张仲景墓及祠北侧，守卫着医圣的长眠之地。明远顶原为一高大的地上建筑，现存台基南北长46米，东西宽44米，高9米，为平夯堆筑，台基上部暴露有大量汉代砖瓦和陶片，当为一处宫殿基址，1963年被河南省政府列为河南省重点文物保护单位。现在温凉河、汉城河、仁济桥、梅花寨遗址、明远顶遗址已经纳入医圣祠文化园整体规划范围，成为医圣祠人文景观的组成部分。

昔日温凉河河水清澈、温热，冬不结冰，河面上有腾腾白雾；夏季水凉，附近居民常到此处消暑降温，一座仁济桥横跨东西。河东，在被南阳人称为药都市场的医圣祠街上，西峡山茱萸、桐柏桔梗、方城裕丹参、内乡黄姜、镇平杜仲、邓州麦冬、唐河栀子等汇聚于各个中药铺。

千百年来，南阳市城东温凉河留下许多传说。其中一个传说是河上有个七孔桥，桥下住着两条龙，一条是火龙，另一条是水龙。冬天的时候火龙在桥的上面（也就是北面），夏天的时候水龙到上面，所以说冬天水是热的，夏天水是凉的。

扫码看讲解

2　医圣祠——张仲景的墓祠纪念地

中医祖庭医圣祠，位于中国历史文化名城——河南省南阳市城东温凉河畔，它是世界医史伟人、我国东汉时期伟大的医学家、被人们尊为中华"医圣"的张仲景的墓祠纪念地。

医圣祠坐北朝南，是一组具有汉代艺术风格的建筑群，大门口一对汉风子母阙耸立门前，气势恢宏，博大雄浑，巍峨壮观。阙上的彩绘朱雀傲视蓝天，翩翩欲飞。祠内有仲景墓；正院有山门、中殿、两庑；偏院有医圣井、荷花池等；馆藏器具文物104件（套）、古籍书刊文献1万余册。中华人民共和国成立后，党和国家非常重视祖国医学文化遗产和文物保护工作，曾多次拨款对南阳医圣祠进行修葺。医圣祠现为南阳市区著名人文旅游景点之一。

医圣祠，据《南阳县志》记载："宛郡东高阜处，为张家巷，相传有仲景故宅。延曦门东迤北二里，仁济桥西，有仲景墓。明洪武初年，有指挥名郭云者，镇南阳，奉明太祖命修宛城，将各祠墓庙中碑记尽仆，为修城之用，唯仲景墓，仅存其名，而亦仆之，墓随没于耕牧。明末祝姓穿井墓侧，得石碣，题曰'汉长沙太守医圣张仲景墓'。迨清代顺治十三年（1656年），有张三异者，为南阳知府，慕仲景之丰功伟绩，又兼与仲景同族，乃捐俸以集同志，建祠三楹于墓后，并求仲景当年手著活人等书，藏之庙，以活天下万世之人。"此为现有文献中的最早记载。

据清末曹德宇编绘的《医圣祠图志》记载：整个祠宇包括正偏两院，正院建筑有山门、中殿、大殿、两庑等，大殿塑有仲景坐像，及历代名医像，为供人膜拜之地。偏院建筑，则极为曲折，幽雅清丽，俨然洞府。由中院向西，过月门一道，为"梅花亭"及"医圣井"，井旁植三春古柳一株，径越两围，柳丝倒垂，绿荫蔽日；由井折向北，而为"荷花池"，白莲千茎，翠盖盈池，中建"湖心亭"，与"医圣桥"相接，而登"小蓬莱"，叠石为山，上筑"灵枢阁"。登临远眺，豫山蠢其后，白河横其前，市廛耕牧，尽收眼底。由山下行，过"碑楼"，而达"桂花轩"，有古桂六株，婆娑成林，秋风送爽，芬芳满院。由"桂花轩"穿角门东向，为"素问亭"及"内经楼"，相传藏书极富，

为医人聚会之地。院植古龙柏一株，凌霄花绕其上，觅花合药者，竟日不绝。此外，尚有"春台亭""待月轩""仁术斋""广济馆"等，均极精雅，每年上巳、重九两节，为香火大会，仕女云集，极一时之盛。

清代以后，在消灭中医的政令下，医圣祠所有祠田全部被没收，祠院地基也渐次被地霸侵占。中华人民共和国成立前夕，庄严辉煌的医圣祠，仅存荒冢一堆，破殿一院。

1956年，南阳市政府对医圣祠进行初步整修，除对时存房舍、仲景像、仲景墓加以重修外，还在殿外建筑围墙一周，大门一座，并于门前增修茅亭，中立"医圣张仲景故里"古碑一方，规模初具，医圣祠由此获得新生。

医圣祠1988年被国务院公布为全国重点文物保护单位。1993年，国际权威医史研究机构——英国伦敦维尔康医史研究所，把张仲景列入29位世界医史伟人名单，加以纪念和弘扬。中国医学史悠悠数千年，获此殊荣者唯张仲景一人！

医圣祠以其丰厚的医学文化内涵，向我们展示了中华文明的悠久历史和中华儿女的勤劳智慧。它是一座历史的丰碑，铭刻着人类与自然疾病作斗争的拼搏精神，更是弘扬民族优秀文化、进行爱国主义教育的不朽篇章。十多年来，医圣祠不但接待了数以万计的中外学者和各级领导，还被开辟为青少年的第二课堂和爱国主义教育基地，学生们在这里受到爱国主义教育。

附：医圣祠年缮

据清代光绪年间《新修南阳县志》记载，明代洪武年间，南阳卫指挥使郭云督修南阳城时，城内不少寺、祠、墓碑被拆作城基石。张仲景祠、墓亦被拆没。

明代嘉靖二十五年（1546年），儒医沈津、越夔等人士倡首，在七孔桥（仁济桥）西段首建"圣祖庙"（俗称三皇庙）一座，内供伏羲、神农、黄帝塑像，两庑敬奉张仲景等历代十大名医，唐藩王撰文立石（石碑残存）。

明代崇祯元年（1628年），兰阳（今开封）冯应鳌来南阳访求仲景墓，九月刻灵应碑（碑存）。

明代崇祯五年（1632年），南阳县丞祝某掘井获原碣，高二尺余（碑存），文曰：汉长沙太守医圣张仲景墓。同年，桑芸立碑记创建医圣祠始末（碑存）。同年，冯应鳌为叶县训导，再拜医圣祠，立石记述访墓始末，并重刻灵应碑（二碑存）。

清代顺治十三年（1656年），南阳府丞张三异即按碑址修复墓冢和祠宇。

清代康熙十六年（1677年），赵君太等善士重修祠庙。

清代康熙二十七年（1688年），由南阳儒医周景福等，捐入祠地480亩，作为修葺祠宇及祭典费用（为三皇庙祀田）。

清代康熙四十九年（1710年），姜大成、吴国士捐银50两购地50亩，为医圣祠祀田。同年，元帝庙祀田130亩归医圣祠。

清代雍正八年（1730年），李某倡修医圣祠门楼（碑存）。

清代乾隆十五年（1750年），重修医圣祠山门。

清代乾隆三十五年（1770年），由医界方道鳌、曹祯祥等37人，捐银241两3钱，用于祠地赎买，三皇庙与医圣祠合并。

清代乾隆五十九年（1794年），李天如继修春台亭（碑存）。

清代嘉庆十五年（1810年），医界张森律、张燊律等，集资重修祠宇，金装神像，费银726两。

清代道光九年（1829年），中医皇甫良、王德涟等，发起组织"医林会馆"，对医圣祠祀田进行整顿管理，作为学习先贤、探讨医术、交流经验之所。

清代咸丰二年（1852年）及咸丰六年（1856年），南阳城各大药店及众善士两次捐资修葺祠堂与春台亭（碑存）。咸丰后期，累年战火，祠宇逐渐荒凉，所有建筑破败不堪。

清代光绪九年（1883年），"医林会馆"首事曹鸿恩、陆逢春等，发起捐款，赎地重修，并加以扩建，使前与圣祖庙相接，祠右辟为"医林会馆"专址，规模宏大，建筑毕具，成为一座较为完整的祠庙。

中华民国初年（1911年），祀田没收为教育基金，祀事日渐废弛。

中华民国十七年（1928年），军阀第五军二十四师师长石友三驻军南阳，勾结地方豪绅霸占祀田，拆毁"医林会馆"，祠院北改作菜园，祠破冢荒。

中华民国二十九年（1940年），朱玖莹倡修大殿及东廊角门（碑存）。

中华人民共和国成立前夕仅存破祠一座。

中华人民共和国成立后，党和政府于 1955 年、1956 年两次对医圣祠进行修葺。1956 年，整修殿堂、墓亭、山门，新修圆顶草亭一座，被定为河南省文物遗迹保护单位。

1959 年，南阳市人民政府重修医圣祠，成立张仲景纪念馆，李德全为纪念馆题词（碑存）。

1963 年，医圣祠被河南省人民政府公布为文物保护单位。

"文化大革命"时期，祠内陈设和制药图石刻等已毁没散失，圣祖庙被改建为仲景医院门诊部，所幸张仲景墓碑尚存，原祠大殿、中殿、偏殿建筑尚好。

1979 年 10 月，以南阳市卫生学校门诊部为基础，建立南阳张仲景医院，院址设在医圣祠。

1980 年年底，南阳地市拨专款修葺医圣祠。

1981 年，在祠内挖掘出土"汉长沙太守医圣张仲景墓"碑，基座上发现有"咸和五年"字样。

1981 年，国家卫生部决定在此成立"张仲景文献馆"，并拨付专款进行修建。1982 年中央拨款 50 万元，省、地、市又拨款 13 万元，对医圣祠进行大规模的维修和增建。4 月，杨廷宝大师回南阳参加研究医圣祠扩建。

1981—1984 年，中央及省、地、市财政先后拨专款对医圣祠进行大规模修复建设工作，共修建九级踏梯石阶十丈，仿汉子母阙一对，大门一座附东西陪房各三间，《张仲景传》石屏一座，东、西长廊各 30 间附角亭一座，石刻张仲景组画 54 幅和历代名医评赞镶于东廊房内，石刻历代名医画像 112 幅镶于西廊房内，双层六角碑亭一座。重修山门一座及双侧花墙和月门，医圣井一眼，墓前石灯两盏，仲景塑像一尊。墓两侧修复古建房屋行方斋、智圆斋等六所，计 22 间。修复荷花池、湖心亭、仁济桥、春台亭、秋风阁各一座。新塑张仲景巨型塑像一尊和中型历代名医塑像十尊，祠院内部铺设青石地坪，西院新建两层仿古小楼，计 28 间。至此第一期修复工程基本结束，南阳市人民政府于 1983 年 11 月立石碑以记载修复始末（碑存）。

1984 年 12 月，成立张仲景博物馆，与张仲景医史文献馆合署办公。

1988 年，张仲景墓及祠被国务院公布为国家重点文物保护单位。完成张仲景坐堂行医组画群雕。

1992年，张赞臣先生特向南阳医圣祠无偿捐赠一批珍贵医籍、文献资料和医药文物，为张仲景医药文化事业做出了巨大的贡献。

2006年，南阳医圣祠被国家旅游局授予"AAA级旅游景区"称号，同年被河南省人民政府命名为河南省大、中、小学德育基地。

2007年，南阳医圣祠"医圣张仲景祭祀"被河南省人民政府列入河南省非物质文化遗产保护项目名录。

2008年9月，南阳医圣祠被国家中医药管理局审核确定为第一批全国中医药文化宣传教育基地。

2013年，南阳医圣祠被确定为全国执业医师临床实践技能南阳考试基地、中华中医药学会全国仲景学说分会秘书处办事机构。

2015年，南阳医圣祠被授予南阳医德文化教育基地；被河南省人民政府台湾事务办公室授予"河南省对台文化交流基地"。

2016年，北京市中医管理局、河南省中医管理局、南阳市中医药事业发展工作委员会联合发文，合作创办仲景书院。仲景书院为一院二址，在北京市，依托首都医科大学中医药学院教育培训中心建立；在南阳市，依托南阳医圣祠建立。聚集了全国中医药方面的优质资源，采用的是大师讲道、名师讲法、导师讲术、道术合一的教学方式。

2018年7月26日，南阳张仲景博物馆被南阳市慈善总会授予南阳慈善文化教育基地。

2018年9月，医圣祠被河南省旅游局、河南省中医管理局联合命名为河南省中医药健康旅游示范基地。

2020年，南阳市委、南阳市人民政府启动医圣祠修复建设工程，医圣祠文化园建设占地共689亩，是医圣祠修建史上规模最大的一次。医圣祠文化园建设分两个区域：一区为核心区，建设中医药博物馆、仲景书院、仲景论坛、中医药体验馆、国医馆、中医抗疫馆、经方本草园、坐堂行医馆、朝圣广场、医圣山、医林会馆原历史十八大景观等，医圣廊桥恢复中轴线地位，实行祠院一体，主要功能有朝圣拜祖、文物保护、收藏展览、经方教育、中医高端医疗、研学体验等；二区为拓展区，主要功能有中医药研发、文化博览、中医药会展、医疗康养、药材交易、配套服务等。项目建成后，将形成集医药养、产、学、研于一体的中医药文旅综合体，打造世界中医药文化地标、全球中医圣地，为健康中国建设贡献"南阳力量"。

2021年，张仲景博物院被河南省归国华侨联合会、河南省文化和旅游厅确定为第二批河南省华侨国际文化交流示范基地。

2022年，张仲景博物院被商务部、国家中医药管理局批准为国家中医药服务出口基地。

3 医圣张仲景祭祀——河南省非物质文化遗产

　　医圣张仲景祭祀是中国祭祀文化的典型代表。张仲景诞辰祭祀活动，有着重要的历史人文价值、生命科学价值、民间艺术价值、民俗传承价值和现代应用价值。祭祀张仲景，不仅保留了这一长期存在于民间的文化形式，更重要的是，它能扩大张仲景医术的影响，能激发大众为中医药文化的发展做出更大贡献。医圣张仲景祭祀已被列为河南省非物质文化遗产。

　　张仲景诞辰的祭祀活动，也有着浓重的民间特色。相传每年正月十八为医圣张仲景诞辰纪念日，时值民众集会，或举酒相庆，或挥药而舞，或赋诗而歌，以表达对这位造福于民的医学家的崇敬怀念之情。自明清以来，南阳张仲景诞辰的祭祀活动一直延续至今。

　　祭祀活动内容：许愿还愿；烧香叩拜；民间戏曲演出；免费义诊施药；医林会馆开展学术讲堂、座谈交流等。

　　据记载，"汉长沙太守张机墓，在延曦门东迤北二里，仁济桥西……郡东高阜处，父老久传为先生墓与故宅。洪武初年有指挥郭云仆其碑，墓遂没于耕牧。越二百六十余年，为崇祯戊辰九月，兰阳冯应鳌千里走南阳访先生墓不可得。后数年，祝姓人家掘井圃中丈余，得石碣，碑文曰'汉长沙太守医圣张仲景墓'，是碑为郭云虽仆而仅存者也"。

医圣祠每年有春、秋两祭，香会很大，湖北、陕西、四川等省都有前来瞻仰礼拜者。南阳群众普遍称呼张仲景为"医圣爷"，称他的方剂为"经方"，到现在诊病服药，还是唯张仲景方是赖。有一首俚歌在民间流传着："药过十二三，大夫必不沾，没读圣人书，何敢把脉参？"足以见证人们对张仲景的崇敬和信赖。

清代乾隆年间的《长沙府志》卷十五"祀典篇"述："周昭王庙在东门外今废；樊公祠在大西门外河街祀汉樊哙；张公祠在北门内祀汉太守张仲景；陶公祠在南门外惜阴书院右祀晋都督陶侃。"过去，长沙城内纪念历史名人的庙宇、祠院甚多，而东、西、南、北四门又重祀数位主要人物。张公祠建于明末，内有张仲景身着太守官服的塑像，在神龛内还奉有"汉太守医圣张仲景先生之位"的牌位。

据《长沙府志》载，清乾隆八年（1743年），长沙市营盘街已有张公祠，也叫仲景庙，这是当时专门为缅怀东汉长沙太守医圣张仲景坐堂行医所建造的一座纪念性建筑。凡农历每月初一、十五，各地居民从四面八方前来祭拜医圣和祈祷，求治者熙熙攘攘，肩摩踵接，香火十分旺盛。鉴于该庙历年已久，以及频遭失火毁损等原因，清光绪二年（1876年）又对张公祠进行了重建。直至中华民国年间，来此进香祈祷求治者仍然络绎不绝。这座张公祠在1938年11月被焚毁，后来在原址建造了湖南省立中医院，迭经扩建，现今成了湖南中医药大学第二附属医院，也称湖南省中医院。院外立有医圣张仲景塑像，院内也收集了许多有关张仲景的资料。

到现代，中医药学界仍在南阳召开国际或全国不同类型的张仲景学术思想研讨会，南阳市政府多年来都举办张仲景医药文化节和仲景论坛等，吸引了国内外大批的中医药专家学者，有力地促进了南阳中医药事业和产业的发展。

南阳医圣祠是张仲景墓、祠所在地，是供奉、纪念张仲景的场所，每年的祭祀活动都在医圣祠举行。

张仲景祭祀文化对弘扬中华民族优秀文化和传承民间文化，尤其是对传承和发扬张仲景医学思想，扩大其医学影响，促进传统中医学的发展具有重要意义。

贰

祖庭·圣祠气象

扫码看讲解

1　汉阙大门气势恢宏

　　医圣祠汉阙大门威严肃穆，登上九级台阶，迎面而立的是一对高大雄伟的子母阙，阙身正南面镶嵌着一对朱雀，西南而立，展翅欲飞，象征着方位和吉祥，是典型的汉代建筑代表。汉阙有三个作用：一可登高望远，二可作烽火台，三可作瞭望塔。这对汉阙是我国著名建筑大师杨廷宝的遗世之作，也是中国现存最大的一对子母门阙。

　　正门上方是郭沫若先生于1959年题写的"医圣祠"三个大字，字体苍劲有力、熠熠生辉，在金黄色琉璃瓦的映衬下，整个大门显得更加庄严肃穆。朱漆大门上装饰着重约300斤的青铜辅首衔环，象征着雄伟和威严，这是世界上最大的辅首衔环。辅首是安装在大门上衔门环的一种底座，它是中国传统的大门装饰，又称门辅。传说辅首是龙的第九个儿子，性好静，警觉性极高，善于严把门户。辅首所衔之环为门环，原来的作用是客人来访敲门之用，后来演变为一种装饰。

扫码看讲解

2 照壁讲述仲景生平事迹

步入医圣祠门庭，首先映入眼帘的是一块巨大的照壁。该照壁由一块完整的石料制成，为当代碑林所罕见。照壁的正面，刻写的是近代著名中医内科和针灸学家黄竹斋先生撰写的《医圣张仲景传》，传文生动地描述了张仲景光辉的一生和对中医事业做出的伟大贡献。照壁两侧是当代著名中医学家、中医教育家任应秋教授题写的一副对联：阴阳有三辨病还须辨证，医相无二活国在于活人。"阴阳有三"，就是中医上所说的三阴三阳；"辨病还须辨证"是说，要想治好病人的病，必须依照辨证论治的原则，找出病根。"医相无二"是说，医生、宰相没有区别，医生治人，宰相治国；"活国在于活人"是说，要想把国家治理好，本质还是在于百姓健康、幸福。

照壁的背面刻写的是张仲景的《伤寒杂病论序》，文中陈述了他走上医学道路的原因。照壁背面两侧是中国中医研究院研究员、中医学者岳美中题写的楹联，上联是"法崇仲圣思常沛"，下联是"医学长沙自有真"。因为张仲景做过长沙太守，所以又有"张长沙"之称。这副对联的意思是：如果在张仲景医学思想的指导下进行医学研究，思路就会开阔；只有张仲景的医学思想才是中医药学的真谛和精粹。照壁前后辉映，浑然一体，使人在肃穆中油然而生崇敬之情。

（1）照壁正面之《医圣张仲景传》

张机，字仲景，南阳人也。学医于同郡张伯祖，尽得其传。工于治疗，尤精经方，遂大有时誉。

汉灵帝时举孝廉，官至长沙太守。与同郡何颙客游洛阳，颙探知其学，谓人曰："仲景之术精于伯祖，起病之验，虽鬼神莫能知之，真一世之神医也。"后在京师为名医，于当时为上手。

仲景见侍中王仲宣，时年二十余，谓曰："君有病，四十当眉落，眉落半年而死。今服五石汤可免。"仲宣嫌其言忤，受汤勿服。

照壁正面：黄竹斋作《医圣张仲景传》

居三日见仲宣，谓曰："服汤否？"仲宣曰："已服。"仲景曰："色候固非服汤之诊，君何轻命也？"仲宣犹不信，后二十年果眉落，后一百八十七日而死，终如其言。此事虽扁鹊、仓公，无以加也。

仲景垂妙于定方。宗族二百余口，自建安以来未及十年，死者三之二，而伤寒十居其七。感往昔之沦丧，伤横夭之莫救，乃勤求古训，博采众长。

曰："凡欲和汤合药，针灸之法宜应精思，必通十二经脉，辨三百六十孔穴，营卫气行，知病所在，宜治之法，不可不通。古者上医相色，色脉与形，不得相失。黑乘赤者死，赤乘青者生。中医听声，声合五音。火闻水声，烦闷干惊。木闻金声，恐畏相刑。脾者土也，生育万物，回助四旁，善者不见，死则归之。太过则四肢不举，不及则九窍不通。六识闭塞，犹如醉人。四季运转，终而复始。下医诊脉，知病原由，流转移动，四季逆顺，相害相生，审之脏腑之微，此乃为妙也。"

又曰："欲疗诸病，当先以汤荡涤五脏六腑，开通经脉，理导阴阳，破散邪气，润泽枯槁，悦人皮肤，益人气血。水能净万物，故用汤也。若四肢病久风冷发动，次当用散。散能逐邪风湿痹，表里移走，居无常处者，散当平之。次当用丸，丸能逐风冷，破积聚，消诸坚症，进饮食，调营卫，能参合而行之者，可谓上工。故曰：医者意也。"

又曰："不须汗而强与汗之者，守其津液，令人枯竭而死。须汗而不与汗之者，使诸毛孔闭塞，令人闷绝而死。不须下而强与下之者，令人开肠洞泄，便溺不禁而死。须下而不与下之者，令人心内懊憹，胀满烦乱，浮肿而死。不须灸而强与灸之者，令人火邪入腹，干错五脏，重加其烦而死。须灸而不与灸之者，令人冷结重凝，久而弥固，气上冲心，无地消散，病笃而死。"

又须珍贵之药，非贫家野居所能立办，由是怨嗟，以为药石无验者，此弗之思也。

又曰："人体平和，惟须好将养，勿妄服药，药势偏，有所助，令人脏气不平，易受外患。夫含气之类未有不资食以存生，而不知食之有成败，百姓日用而不知，水火至近而难识。余慨其如此，聊因笔墨之暇，撰《五味损益食治篇》，以启童稚。庶勤而行之，有如影响耳。"

撰用《素问》《九卷》《八十一难》《阴阳大论》《胎胪药录》，并平脉辨证，为《伤寒杂病论》，合十六卷。

其文辞简古奥雅，古今治伤寒者，未有能出其外者也。最为众方之祖，又悉依本草。但其善诊脉，明气候，以意消息之耳。华佗读而喜曰："此真活人书也。"

论者推为医中亚圣，而范蔚宗《后汉书》不为仲景立传，君子有遗憾焉。

清顺治初，叶县训导冯应鳌，得仲景墓于南阳县东郭门外，仁济桥西，乃为祠祀焉。

杜度，仲景弟子，识见宏敏，器宇冲深，淡于矫矜，尚于救济，事仲景，多获禁方，遂为名医。

卫泛，好医术，少师仲景，有才识，撰有《四逆三部厥经》《妇人胎藏经》《小儿颅囟方》，皆行于世。

王叔和，高平人也，博好经方，尤精诊处，洞识摄养之道，深晓疗病之源。采摭群论，撰成《脉经》十卷。《张仲景方论》为三十六卷，大行于世。

（2）照壁背面之《伤寒杂病论序》

论曰：余每览越人入虢之诊，望齐侯之色，未尝不慨然叹其才秀也。怪当今居世之士，曾不留神医药，精究方术，上以疗君亲之疾，下以救贫贱之厄，中以保身长全，以养其生。但竞逐荣势，企踵权豪，孜孜汲汲，惟名利是务，崇饰其末，忽弃其本，华其外而悴其内。皮之不存，毛将安附焉？卒然遭邪风之气，婴非常之疾，患及祸至，而方震栗；降志屈节，钦望巫祝，告穷归天，束手受败。赍百年之寿命，持至贵之重器，委付凡医，恣其所措。咄嗟呜呼！厥身已毙，神明消灭，变为异物，幽潜重泉，徒为啼泣。痛夫！举世昏迷，莫能觉悟，不惜其命。若是轻生，彼何荣势之云哉？而进不能爱人知人，退不能爱身知己，遇灾值祸，身居厄地，蒙蒙昧昧，惷若游魂。哀乎！趋世之士，驰竞浮华，不固根本，忘躯徇物，危若冰谷，至于是也！

余宗族素多，向余二百。建安纪年以来，犹未十稔，其死亡者，三分有二，伤寒十居其七。感往昔之沦丧，伤横夭之莫救，乃勤求古训，博采众方，撰用《素问》《九卷》《八十一难》《阴阳大论》《胎胪药录》，并平脉辨证，为《伤寒杂病论》合十六卷，虽未能尽愈诸病，庶可以见病知源，若能寻余所集，思过半矣。

夫天布五行，以运万类，人禀五常，以有五藏，经络府俞，阴阳会通，玄冥幽微，变化难极，自非才高识妙，岂能探其理致哉？上古有神农、黄帝、岐伯、伯高、雷公、

照壁背面内容：张仲景作《伤寒杂病论序》

少俞、少师、仲文，中世有长桑、扁鹊，汉有公乘阳庆及仓公，下此以往，未之闻也。观今之医，不念思求经旨，以演其所知，各承家技，终始顺旧。省疾问病，务在口给，相对斯须，便处汤药，按寸不及尺，握手不及足，人迎、趺阳，三部不参，动数发息，不满五十，短期未知决诊，九候曾无仿佛，明堂阙庭，尽不见察，所谓窥管而已。夫欲视死别生，实为难矣！

孔子云：生而知之者上。学则亚之。多闻博识，知之次也。余宿尚方术，请事斯语。

3　张仲景铜像庄严矗立

缓步进入前祠，只见院内雕梁画栋，绿树翠竹，清雅静谧。整个院区布局独具匠心，格调高雅，仿佛走进了一个千年前的雅室憩院，耳目为之一新，倍觉心旷神怡。走到主路上，抬头望去，只见庭院中间矗立着一尊高大的医圣张仲景铜像，铜像面部凝眉深思，忧国忧民之情溢于眉宇间，令人肃然起敬。看到此像，参观者犹如跨越了1800多年的时空，亲身感受到了他那"进则救世，退则救民，不为良相，定为良医"的胸襟，仿佛听到了他那"反权豪反名利智圆行方"的呐喊，还有什么能比"活国在于活人"这样的抱负更无私、更伟大呢？

张仲景，从小就立下了"不为良相，定为良医"的志向，早年拜师同郡名医张伯祖，尽得其传，青出于蓝而胜于蓝。汉灵帝时举孝廉，任长沙太守，又有"张长沙"之称。

东汉末年，战乱频起，民不聊生，灾异横生，张仲景"感往昔之沦丧，伤横夭之莫救"，于是勤求古训，博采众方，继承前人医学理论，结合自己的临证实践，创造性地总结出中医学的经典巨著《伤寒杂病论》，确立了中医学辨证论治诊疗体系，张仲景因此被后世尊为"医圣"。

张仲景有着精湛的诊疗技艺，他望色先知而诊"建安七子"之一王粲之病，被传颂千古。张仲景有高尚的医德，冲破了封建等级的束缚。相传在任长沙太守期间，每月农历初一和十五在衙门的大堂为百姓看病，至今南阳和长沙等地仍流传着张仲景坐堂行医的美谈。一直到现在，我们的中医店铺都称作"堂"，如北京同仁堂、杭州胡庆余堂、长沙九芝堂和南阳仲景堂等，就是中药界传承仲景学说，对张仲景坐堂行医的最好纪念。

张仲景的经典巨著《伤寒杂病论》熔理、法、方、药于一炉，开辨证论治之先河，创立了中医理论体系和临床体系，至今仍然是中医药学的核心思想。《伤寒杂病论》被后世分为《伤寒论》和《金匮要略》两部经典。《伤寒论》是利用六经分病、八纲辨证、八法施治来演绎辨证论治法则的；《金匮要略》则是把辨证论治的法则验证应用于各种疾病。张仲景借人类最易感多发的"伤寒"为中医学创建认识论和方法论，借伤寒一病为万病立法，为万世立准绳。清代医界这样评价张仲景："医门之仲景，即儒门之孔子也。"从活国活人的意义上看，《伤寒杂病论》具有更高的经典价值。

张仲景的《伤寒杂病论》为中国医学的建立和发展做出了巨大的贡献，仲景思想也必将为世界医学的发展和进步产生越来越重大的影响。

重塑医圣张仲景铜像铭

　　举凡圣伟之人必建祠堂旌表行迹，塑像以慕懿范，亦寓育化之意。是以一九九一年立仲景先师及诸先贤像于张仲景博物馆以供瞻仰，然囿于时事，其材稍砺，有邈圣仪。今南阳市政府顺乎民意，广纳善言，又得宛西制药集团慷慨斥资共襄盛举，于第十届张仲景医药科技文化节开幕之际，重立仲景先师青铜圣像一尊、诸先贤汉白玉像十尊于先师陵墓之阳，仪态端肃，昭穆有序。各级领导、各界贤达恭然拜谒，揭幕成礼。大道既行，圣德弥彰，若工善举，杏林幸甚，众生幸甚，因勒铭以闻。

2011 年 10 月立

4 十大名医像构筑千年中医史

在张仲景铜像前驻足环视，铜像周围的绿树丛荫中还伫立着中国古代十大名医汉白玉雕像。这些雕像有岐伯（中国上古时期著名的医学家）、医和（春秋时秦国良医）、扁鹊、华佗、王叔和、皇甫谧、葛洪、孙思邈、成无己和李时珍。他们有的长须拂胸、慈眉善目，有的清癯冷俊、灵秀聪睿，栩栩如生，神态各异，独具风貌。医学家们从上古至明清，不辞劳苦，呕心沥血，对中医药发展起到了巨大的推动作用。

岐　伯

　　传说上古时期著名的医学家，黄帝的大臣。善医术，尝草木，典医药，与黄帝论医。中医经典著作《黄帝内经》即黄帝与岐伯论医之作，后世称中医学为"岐黄"。

医　和

　　春秋时秦国良医。《左传》载，他在给晋平公诊病时提出天有阴、阳、风、雨、晦、明六气，淫生六疾。他把四时五节和六淫的变化视作主要的致病因素，奠定了中医病因学说的基础。

扁　鹊

　　春秋战国时期名医，渤海郡鄚（河北任丘）人。从师于长桑君，精于诊断，行医各地，反对巫术治病。对内、外、妇、儿、五官各科，能随俗应变，医术精湛，人称"神医"。《史记》《战国策》均有其传记。

华　佗

　　汉代医学家，沛国谯（安徽亳州）人。精通内、外、妇、儿各科，尤擅长外科。早在1700多年以前，他就应用中药麻醉剂——麻沸散，施行了腹部手术。《三国志》《后汉书》均有其传记，后世把他尊为中医的外科鼻祖。

王叔和

　　魏晋时期医学家，山东高平人，曾任太医令。他精研医学，重视诊脉，著有《脉经》十卷，是我国现存最早的脉学著作。他收集整理张仲景的《伤寒杂病论》，使仲景医学文献得以保存。

皇甫谧

　　魏晋时期医学家，安定朝那（宁夏固原东南，一说甘肃灵台境内）人。著有《针灸甲乙经》十二卷一百二十八篇，为中国针灸学奠定了坚实的基础。另著有《寒食散论》《帝王世纪》《高士传》《列女传》《玄晏春秋》等。

葛 洪

晋代医学家，江苏句容县(今句容市)人。他精于医道丹药，著有《抱朴子》内、外篇和《肘后备急方》。他对传染病有深入研究，是世界上对天花的最早记录者。他从炼丹术中发现了多种化合物，成为制药化学的先驱。

孙思邈

唐代医学家，陕西耀县人。著《千金要方》《千金翼方》各三十卷，他将《伤寒论》内容较完整地收集在《千金翼方》中，为后世研究《伤寒论》，提供了较可靠的版本。他在用药方面有卓越贡献，故被后人尊为"药王"。

成无己

金代医学家，山东茌平县（山东聊城）人。他毕生致力于仲景学说，所撰《注解伤寒论》十卷，是我国现存最早的《伤寒论》全注本，对后世伤寒学的发展影响深远。

李时珍

明代医学家，湖北蕲春县人。历时二十七年著成《本草纲目》十六部五十二卷，收录药物一千八百余种，书中附药图一千余幅，药方一万余个。《本草纲目》对16世纪以前我国药物学进行了相当全面的总结，是我国药学史上的重要里程碑。

扫码看讲解

5　六角重檐碑亭里的题词石碑

十大名医像后是六角碑亭。该亭子为六角重檐攒尖顶式建筑，六脊檐角均悬挂铜铃，风吹铃摇，清脆悠远，加之朱椽黛瓦，煞是精致。攒尖顶为中国古建筑屋顶式样之一，六角重檐攒尖顶更为尊贵，建筑独特，别样壮观，是医圣祠内著名景观。六角重檐碑亭内矗立一座六面立柱形碑刻，由六块题词碑刻组成，分别刻着毛泽东、周恩来等老一辈无产阶级革命家和国家领导人关于祖国医学和医圣祠发展的题词。

碑刻立柱的正南面是毛泽东主席在1950年8月第一届全国卫生工作会议上的题词："团结新老中西各部分医药卫生工作人员，组成巩固的统一战线，为开展伟大的人民卫生工作而奋斗。"（图1）

东南面碑刻是周恩来总理的题词："发扬祖国医药遗产，为社会主义建设服务。"（图2）

原国家卫生部部长李德全为医圣祠题词并序碑。序文上文：一千七百余年前，医学大家张仲景撰用《素问》《九卷》，总结临症医学，弥补祖国医学"外经"亡佚之缺憾，厥功甚伟。适南阳市重修张仲景纪念馆，爰题数语，以志不忘。下文：东汉医哲，崛起南阳，勤求博采，祖述岐黄，辨证论治，六经八纲，树立楷模，临症精详，承先启后，源远流长，西学东渐，其道不昌，虽有志士，莫由表彰，中医政策，唯物史观，继承发扬，绝学复传。建国十年，气象万千，辉煌成就，灿烂河山，党的领导，舜日尧天，重修馆宇，略述渊源，纪念先哲，鼓励后贤，医学宝库，努力钻研，创新学脉，肇其开端。（图3）

图1　　　　　　　　　　　　图2　　　　　　　　　　　　图3

6 《中医药法》华表

　　为庆祝《中华人民共和国中医药法》（简称《中医药法》）2017 年 7 月 1 日正式实施，医圣祠精心制作了《中医药法》华表碑刻，以示隆重纪念，记录我国中医药发展史上崭新的一页。

　　《中医药法》华表竖立在医圣祠六角重檐碑亭前花园的左右两侧，这对华表通体由青石雕刻而成，高为 3.8 米，每尊重达 5 吨，皆由基座、柱体、华盖、柱头四个部分组成。华表的基座为"莲花座"，在此形容医者仁心，有一壶清气满乾坤之意，同时将华表烘托得更加高耸和庄严。

　　由下向上看华表，六面形的柱体上雕刻的就是 2017 年 7 月 1 日正式实施的中医药领域首部综合性法律——《中医药法》。两尊华表共刻 7092 字，其内容全面丰富，遵循了中医药发展规律，目的是为了继承弘扬中医药，保障和促进中医药事业发展，保护人民健康。华表上端雕满祥云的叫云板，华盖为流云纹圆盘，柱头顶端的瑞兽称为"望

天吼"，传说是龙王的儿子，象征着威武和守望。瑞兽对天咆哮，被视为上传天意，下达民情，其声可震天，同时也守护着庄严的《中医药法》。

中医药是中华民族的瑰宝，是我国医药卫生体系的特色和优势。中医祖庭医圣祠是中医的发祥地和策源地。每个祖国中医药的重要历史时刻，中医祖庭医圣祠总有发声。它一直跟随着中华民族发展历史，走在民族的浩大阵列里，与中华民族的健康发展同行。南阳这些年，已从一个传统意义的中医药文化圣地，变成了一个综合发展、全面进步的中医药基地。正如习近平总书记说的那样，中医药振兴发展迎来天时、地利、人和的大好时机。

扫码看讲解

7 东长廊汉画镶刻仲景辉煌一生

（1）张仲景组画

入祠主路的最东侧被树木遮掩着。东长廊的墙面由张仲景组画、历代名医评赞、近现代医家评赞的石刻群组成；东长廊最北端的百寿亭与石刻群组成了东长廊的景点。

东长廊镶嵌的是"张仲景组画"，这组史画是以汉代画像石刻的艺术再现了张仲景当年下荆襄、登桐柏、赴京洛、涉三湘，"勤求古训、博采众方"，终成"万世医宗"的辉煌一生。

组画的序言部分是原国家卫生部部长崔月犁先生所撰，著名书法家李铎书写。

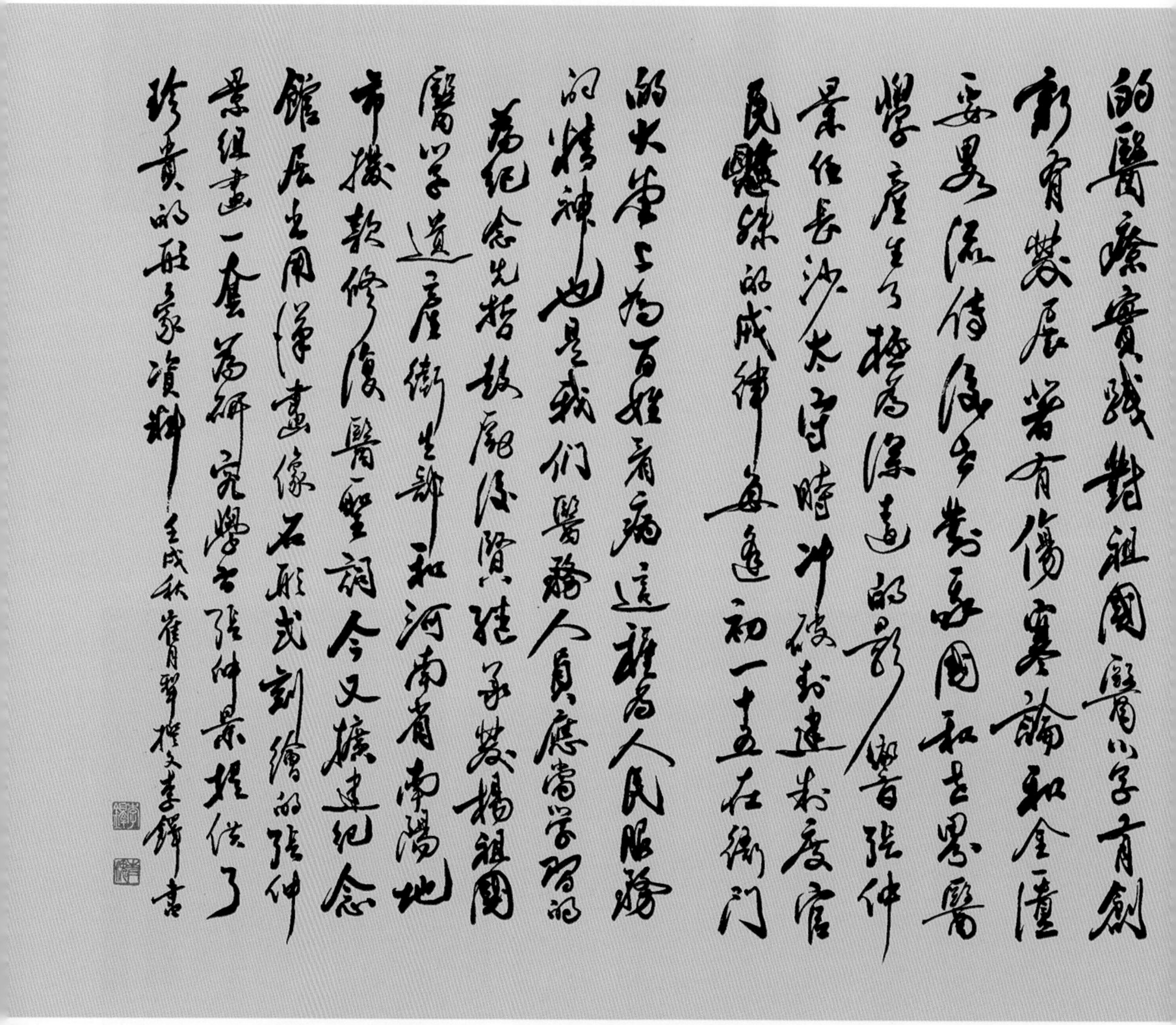

的医疗实践，对祖国医学宇有创

新有发展。著有伤寒论和金匮

要略流传后世，为我国

医学宝库。撰高深邃的彼医张仲

景任长沙太守时，坐堂应诊

民怀练的成绩。每逢初一十五在衙门

的大堂上为百姓有病，这群为人民服务

的精神也是我们医务人员应当学习的

为纪念先哲故辟修贤张子发扬祖国

医学遗产，卫生部和河南省南阳地

市拨款修复医圣祠今又扩建纪念

馆居主用汉画像石雕式刻绘的张仲

景组画一套为研究学习张仲景提供了

珍贵的科家资料

壬戌秋　崔月犁撰文李铎书

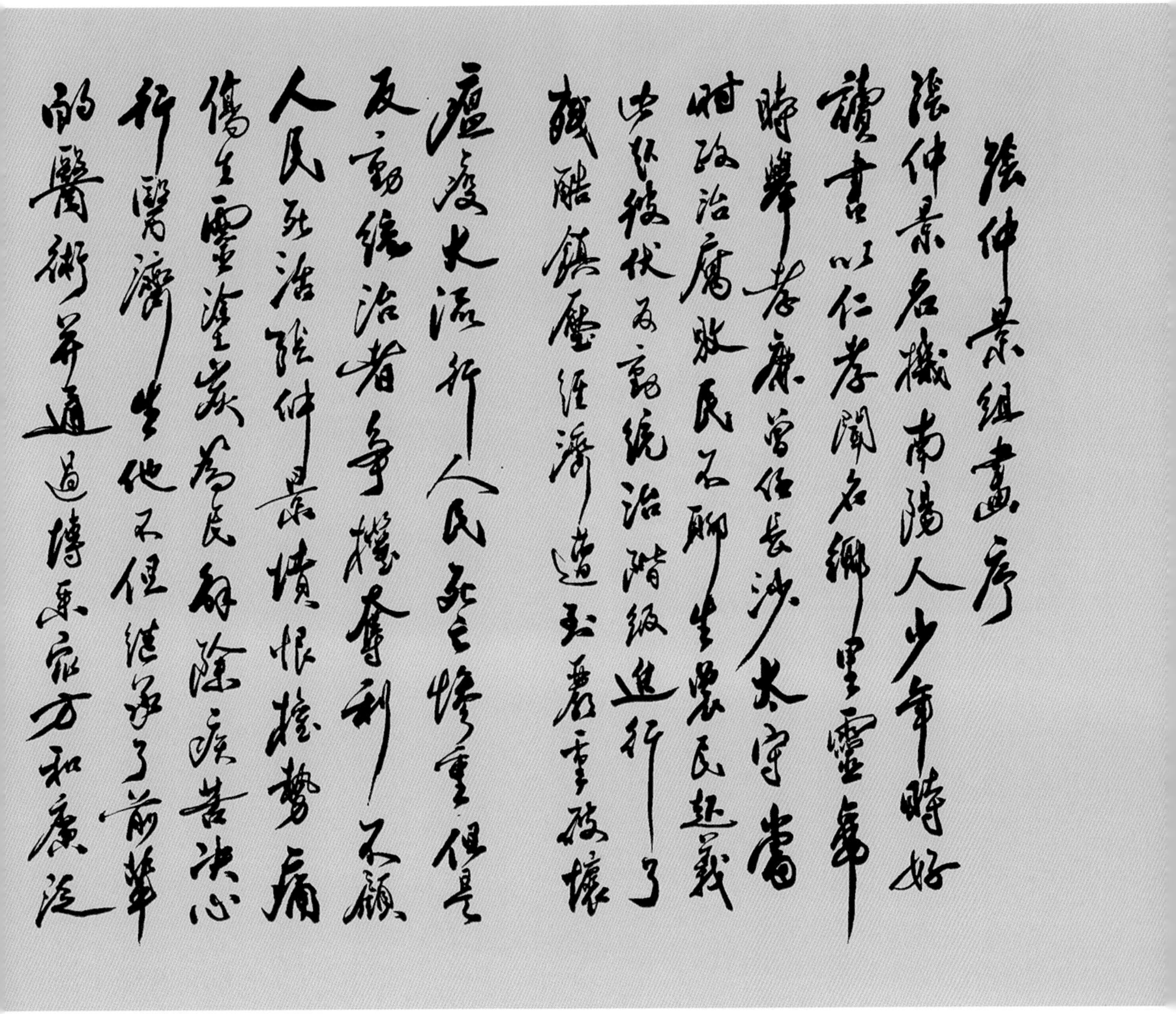

张仲景组画序

张仲景名机，南阳人，少年时好
读书，以仁孝闻名乡里。灵帝
时举孝廉，曾任长沙太守。当
时政治腐败，民不聊生，众民挈
家以躲伏，百姓流离，阶级矛盾
极酷，镇压历经济，造成署乱政坏
瘟疫大流行，人民死亡修惨，但是
反动统治者争权夺利，不顾
人民死活，张仲景愤恨捨势扁
伤生灵涂炭，为民解除疾苦，决心
行医济生，他不但继承了前辈
的医术，并通道博东宛方和广泛

张仲景组画序

战乱沦丧

　　张仲景生活在东汉桓帝、灵帝、献帝统治时期，当时社会政治腐败、军阀割据、连年混战，人民处于水深火热之中。这是一幅水陆攻战图，上面是攻城战，中间是陆地战，下面是水战，表现了当时战乱频仍的社会环境。

民不聊生

　　封建军阀争夺权力，过着骄奢淫逸的生活，对老百姓横征暴敛，使无数的黎民百姓无法生存。此画采用了对比的手法，上面是统治阶级饮酒作乐、驾车出行，下面是劳苦人民服徭役的悲惨场面。

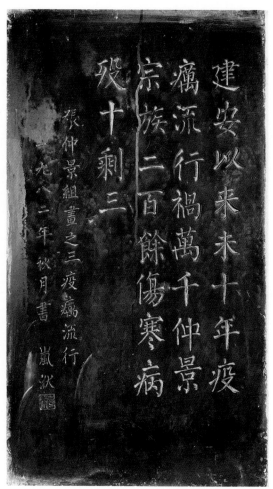

疫疠流行

　　"大兵之后，必有大疫。"频繁的战乱，连年的饥荒，必然瘟疫流行，人民病亡惨重。当时的社会是"家家有僵尸之痛，户户有嚎泣之声"。在我国传统的汉画里，金乌象征太阳，蟾蜍象征月亮。月亮遮住了太阳，就是我们现在所说的日食现象，在这里主要形容当时社会的暗无天日，民不聊生，白发人送黑发人。

立志学医

　　基于当时那样一个残酷的背景，医圣张仲景立志学医。人首、蛇身、手拿灵芝的就是伏羲。他是我们人类的始祖，也是中医药的始祖。

拜师伯祖

张伯祖，张仲景从医道路上的第一位老师，也是他的同门叔父。张仲景拜张伯祖为师，不仅尽得其传，而且青出于蓝而胜于蓝。

 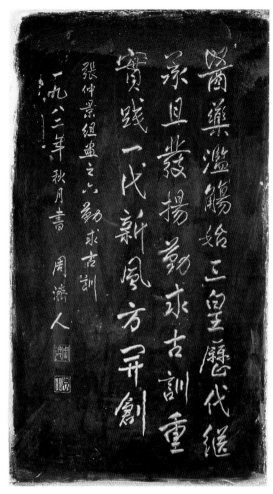

勤求古训

　　张仲景虽然在医学上有了一定的成就，但他深知学问无穷无尽，想要成为一名"见病知源"的医生，必须下苦功夫博览群书，借鉴古人的经验，因此他发奋苦读前人的医学著作。

博采众方

张仲景走遍千山万水，深入民间采集、整理各种秘方、验方，去粗取精，把它们化为自己的医疗实践。

何颙评赞

　　张仲景在年轻的时候，曾经进京拜访过当时已经官居侍中的何颙。何颙曾经预言"仲景不为良相，定为良医"。果然仲景没有辜负何颙的期望，成了一代医圣。

襄阳事师

　　张仲景听说襄阳城里有一位擅长治疗痈疽的名医"王神仙"，便不辞劳苦、长途跋涉去拜"王神仙"为师，以学到"王神仙"的医术。

茅山求教

张仲景的近邻宁远，患消渴，就是我们所说的糖尿病。张仲景也无能为力。宁远云游四方求医，后经茅山道士治愈，重返故里。张仲景知道后，深感医学的博大精深，便跋山涉水不辞万里去茅山求教。茅山，位于现在的江苏省镇江一带，张仲景的"青龙汤""白虎汤""玄武汤"等都是从茅山道士那里学来的。

访贤继技

　　当时南阳有一位名医叫沈槐，年逾古稀但是后继无人，因此抑郁成疾，多方医治无效。张仲景知道后就去探望他，并给他开了一个药方，上面写着"五谷杂粮各一斤，一顿服用"。沈槐觉得非常可笑，五斤粮食，作为一个正常人，一顿肯定是吃不完的，而且这也不算什么药方，就把按药方做成的药丸挂在自家的屋檐下，逢人便嘲笑张仲景。结果在谈笑中，沈槐的抑郁症竟然不知不觉好了。后来沈槐把自己一生的医学经验都传授给了张仲景。这就是我们现在所说的精神疗法。

采药获琴

　　随着张仲景医术的不断提高，关于他的神话传说也就随之流传开来。有一天，张仲景去桐柏山采药，遇一老翁请求看病，张仲景扶脉后问："你怎么是兽脉？"老翁说："我是桐柏山中一个千年老猿。"张仲景治好老猿的病后，老猿给他扛来了一根万年桐木，表示感谢。张仲景用这根桐木做了两把琴，一把叫古猿，一把叫万年。这是记录在宋代虞汝明所写的《古琴疏》上的一则神奇故事。

望色先知

张仲景的医术已经达到了炉火纯青的程度。他能"察断人病初起于微末，掌握生死之转机"，人们都称赞他是"扁鹊再生"。

有一天，他见到在荆州做侍中的王粲（字仲宣，东汉末年文学家、"建安七子"之一，建安文学的杰出代表）。这时王粲20多岁，正是年轻气盛的时候。张仲景断定他有病，并且告诉他，这种病40岁时才会发作，症状是掉眉毛，之后半年就会死去，让他赶快服用"五石汤"。王粲听了这话，认为张仲景简直是胡说八道，根本不相信，就没有吃药。又过了几日，张仲景看了看他的脸色说："你的气色根本不像吃过药的样子，你为什么这样轻视自己的生命呢？"然而王粲仍然不肯相信张仲景的话。20年后，王粲果然开始掉眉毛，之后半年就去世了。

荐举孝廉

由于医术高超、医德医风高尚，孝敬父母又清正廉明，张仲景被乡邻们举为孝廉。"举孝廉"是当时做官的一个途径。

在《三国志·武帝纪》一书中，有这样的记载："初令郡国，举孝廉，各一人。"从中可以看出，起初的时候，"孝"和"廉"是分开执行的两个标准，"孝"指的是孝敬尊长，"廉"指的是廉洁正直，直到后来才把这两个标准合为一体。按照当时的规章制度，能够被举孝廉的人，至少满足以下四个标准当中的一个，分别是德行高妙、学通行修、明晓法令、刚毅多略。

这幅图上面是一组人民群众欢庆的场面。有长袖舞、吹箫、撞钟、弹琴。图中所敲之物为建鼓，人们一边跳舞，一边击鼓，以示庆贺。

良相良醫昔並傳災侵黎
庶寸心憛傷寒一論留千
古誰似長沙太守賢

張仲景組迺二十五長沙

太守 壬戌七月北京劉葉秋

官守长沙

举孝廉之后，张仲景就出任了长沙太守。

坐堂行医

张仲景任长沙太守时，长沙连年流行瘟疫，每年都死很多人。为了拯救黎民百姓，他在公务繁忙的情况下，仍孜孜不倦地钻研医学，为民治病。他打破官民之间悬殊的地位限制，每月农历初一和十五坐在衙门的大堂上为病人诊脉开方，做到办公、行医两不误，并曾在自己的名字前冠以"坐堂医生"四个字。后人因为崇敬张仲景的精湛医术和高尚医德，便仿效他，把在中药店行医的中医称为"坐堂医生"，把中药店多称为"堂"，如北京同仁堂、杭州胡庆余堂、长沙九芝堂、南阳仲景堂等，这是后世医家对张仲景最好的纪念。

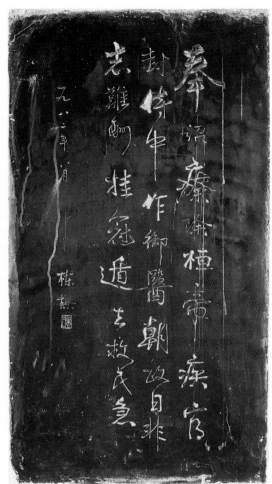

挂冠遁去

据晋代名医葛洪《神仙传》记载，汉桓帝得了伤寒病，召张仲景入宫治疗。桓帝病愈后，封张仲景为侍中，张仲景见朝政腐败，说道："君疾可愈，国病难医。"遂挂冠而去。

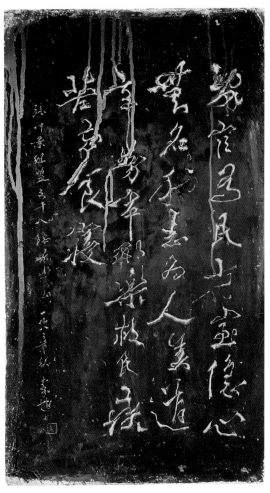

隐居少室

辞官之后，张仲景就隐居在少室山，即现在的中岳嵩山少林寺一带。

精索医理

张仲景隐居后，将全部的精力投入到医学中去，夜以继日，潜心研究中医中药。

首创灌肠

张仲景首创灌肠疗法。当时张仲景所创的灌肠疗法主要是治疗人在高热之后实热不退，体内的毒素排不出去。他把一些通导的中药材打成粉，用蜂蜜调和后对患者进行灌肠，以便排出体内的毒素，达到退热的目的。

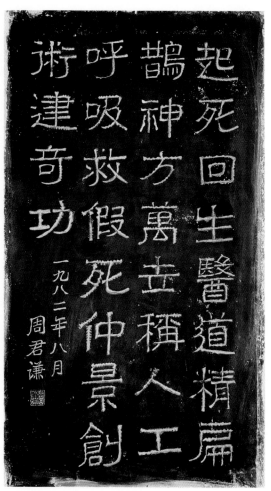

起死回生醫道精扁
鵲神方萬古稱人工
呼吸救假死仲景創
術建奇功

一九八二年八月
周君谦

人工呼吸

　　张仲景首创人工呼吸，针对不同情况的危重患者使用不同的复苏方法。比如抢救自缢者，张仲景的抢救措施是先"徐徐抱解，不得截绳，上下卧之"。

　　在对患者进行通畅气道、胸部按压及压胸抬臂通气等抢救措施后，张仲景还提出了"以管吹其两耳"，即口对耳的人工呼吸方法，并强调"此法最善，无不活也"。这种口对耳的人工呼吸抢救方法避免了人与人之间的皮肤接触，也方便操作，还可以避免某些交叉感染。

　　张仲景有多种抢救猝死的方法，如吹鼻取嚏法、舌下含药法等，采用了较为有效的综合复苏方法，来救治自缢等心搏骤停的危急患者。

针灸治疗

　　张仲景也改善了由扁鹊首创的"砭石针灸"疗法。张仲景不仅是一位擅治外感杂病的内科医生，还是一位针灸学家，他的针灸疗法和他的著作一样，实用性很强。

著书立说

张仲景总结几十年的实践经验，晚年以《素问》《九卷》《八十一难》《阴阳大论》《胎胪药录》并平脉辨证为依据，著书立说，终于写出了不朽的巨著——《伤寒杂病论》。

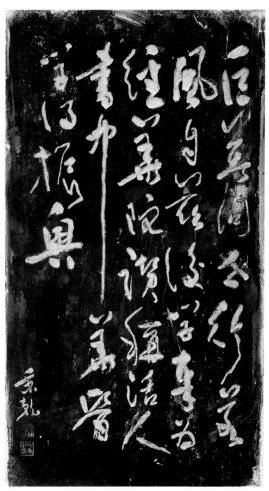

巨著问世

　　张仲景撰写的医学巨著《伤寒杂病论》，全面地总结了中国汉代以前的医学成就，对中医的发展起了承前启后的作用。此书被称为众方之祖、方书鼻祖。

万世医宗

　　张仲景的学说对中国医药和世界医药的发展有着重大的影响，经历1800多年而不衰，后人称其为医中之圣、万世医宗。

（2）历代名医评赞

东长廊的第二部分是历代的名医名家对张仲景及《伤寒杂病论》评价赞扬的石刻。例如：和张仲景同一时代的神医华佗，称颂张仲景的《伤寒杂病论》"此真活人书也"；晋代著名医学家"针灸鼻祖"皇甫谧，称赞"仲景论广汤液为十数卷，用之多验"；南朝齐梁时期道教思想家、医学家陶弘景称仲景著作为"众方之祖"；唐代著名医学家"药王"孙思邈盛赞张仲景"特有神功"；金代著名医学家成无己称仲景著作为"乃大圣之所作也"，金元四大家之一刘完素赞誉"仲景承前启后，为医中亚圣"；金元四大家之一朱震亨赞誉"仲景诸方实为万世医学的规矩准绳"，元代医学家王海藏盛赞"仲景《伤寒》《金匮》所立法则，为万世不变的法则"；明代医学家李健斋赞誉"仲景医方堪称千年不传之秘宝"，方中行赞誉"仲景于临床医学立法制方，前无古人后无来者"；清代医学家喻昌称张仲景著作为"众法之宗，群方之祖"，徐灵胎赞誉"仲景功与天地同存不朽"，陈修园称张仲景"医门之仲景，即儒门之孔子也"，费伯雄赞誉"仲景立方之祖，医中之圣"。

历代名医评赞

沙孟海题

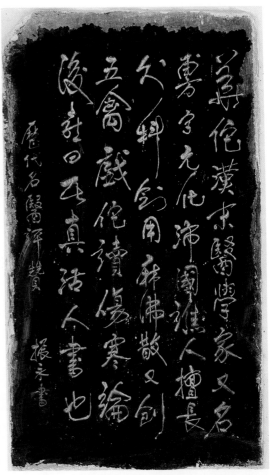

华佗，汉末医学家，又名敷，字元化，沛国谯人。擅长外科，创用麻沸散，又创五禽戏。佗读《伤寒论》后，喜曰：此真活人书也。

振永书

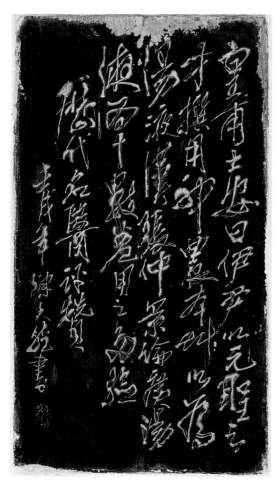

皇甫士安曰：伊尹以元圣之才，撰用《神农本草》以为汤液。汉张仲景论广汤液为十数卷，用之多验。

陈天然书

陶隐居曰：惟张仲景一部，最为众方之祖。又悉依《本草》，但其诊善脉，明气候，以意消息之耳。

费文明书

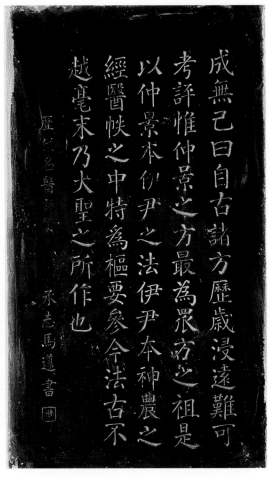

孙思邈曰：伤寒热病古有之，名贤睿哲多所防御，至于仲景，特有神功，寻思旨趣，莫测其致，所以医人，未能赞仰。

张焕然书

成无己曰：自古诸方，历岁浸远，难可考评。惟仲景之方，最为众方之祖。是以仲景本伊尹之法，伊尹本神农之经，医帙之中，特为枢要。参今法古，不越毫末，乃大圣之所作也。

承志马遵书

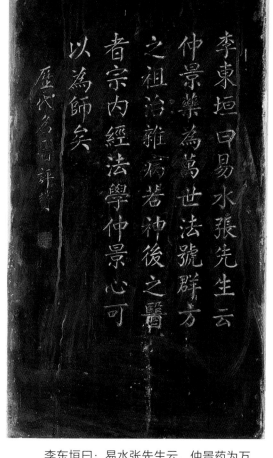

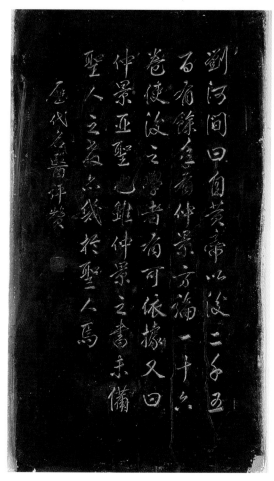

刘河间曰：自黄帝以后，二千五百有余年，有《仲景方论》一十六卷，使后之学者有可依据。又曰：仲景亚圣也，虽仲景之书未备圣人之教，亦几于圣人焉。

张宗义书

李东垣曰：易水张先生云，仲景药为万世法，号群方之祖，治杂病若神。后之医者，宗《内经》法，学仲景心，可以为师矣。

张宗义书

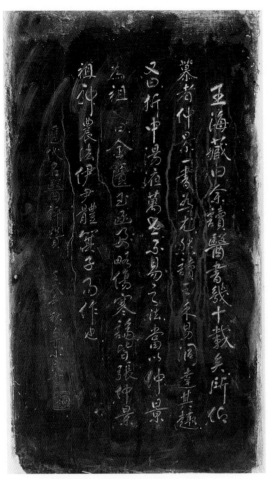

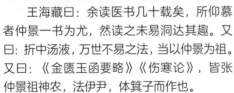

王海藏曰：余读医书几十载矣，所仰慕者仲景一书为尤，然读之未易洞达其趣。又曰：折中汤液，万世不易之法，当以仲景为祖。又曰：《金匮玉函要略》《伤寒论》，皆张仲景祖神农，法伊尹，体箕子而作也。

周小民书

朱丹溪曰：仲景诸方，实万世医门之规矩准绳也。后之欲为方圆平直者，必于是而取则焉。或问曰：要略之方，果足用乎？曰：天地气化无穷，人身之病亦变化无穷。仲景之书载道者也，医之良者引例推类，可为无穷之应用。借今略有加减修合，终难逾越矩度。又曰：圆机活法《内经》具举，与经意合者仲景书也，仲景因病以制方。

张岚泆书

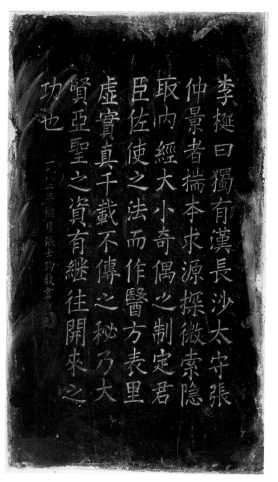

许鲁斋曰：尝谓医方有仲景，犹儒书有六经也。必有见于此，然后可与议医。然其文古，其意隐，学者读之，茫然不可涯涘。

张焕然书

李梴曰：独有汉长沙太守张仲景者，揣本求源，探微索隐，取《内经》大小奇偶之制，定君臣佐使之法而作医方，表里虚实，真千载不传之秘。乃大贤亚圣之资，有继往开来之功也。

张士钧书

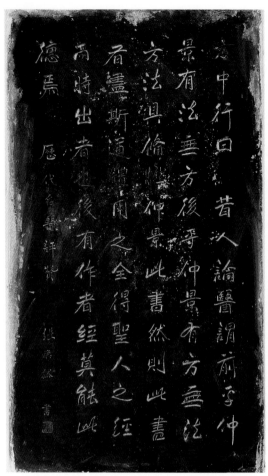

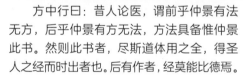

方中行曰：昔人论医，谓前乎仲景有法无方，后乎仲景有方无法，方法具备惟仲景此书。然则此书者，尽斯道体用之全，得圣人之经而时出者也。后有作者，经莫能比德焉。

张焕然书

喻嘉言曰：张仲景《伤寒论》一书，天苞地苻，为众法之宗，群方之祖。

李光远书

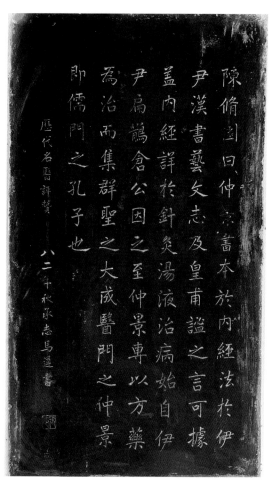

徐灵胎曰：仲景之治病，其论藏腑经络，病情传变，悉本《内经》。而其所用之方，皆古圣相传之经方，并非私心自造。间有加减，必有所本，其分两轻重，皆有法度。其药悉本《神农本草（经）》，无一味游移假借之处。非此方不能治此病，非此药不能成此方。精微深妙，不可思议。药味不过五六品，而功用无不周，此乃天地之化机，圣人之妙用，与天地同不朽者也。

承志马遵书

陈修园曰：仲景书本于《内经》，法于伊尹，《汉书·艺文志》及皇甫谧之言可据。盖《内经》详于针灸，汤液治病，始自伊尹，扁鹊、仓公因之，至仲景专以方药为治，而集群圣之大成。医门之仲景，即儒门之孔子也。

承志马遵书

费伯雄曰：仲景立方之祖，医中之圣。所著《伤寒》《金匮》诸书，开启屯蒙，学者当奉为金科玉律。

邱始钟书

日人山田正珍曰：余当读仲景氏书，观其立法之意，循循然莫不有规矩。说补不偏乎补，说泻不偏乎泻，曲尽机变之妙，以极其源，其文简而达，其法约而中，苟能熟之，则不眩于疾病之多，无憾于方法之少。其为后世虑者，可谓详且备矣。

承志马遵书

尾台榕堂曰：长沙为千古用方之鼻祖。然其方则咸出于三代圣贤之精制，长沙特集其大成耳。其方简明正严，条理秩然，宽猛之治、和攻之法，无不周详赅备。故苟能讲习谙练，以精究其意，推广其义，则万病之治，可运之掌也。

李光远书

（3）近现代医家评赞

道缵三皇，德侔孔孟。

黄维翰敬献

仁术教泽，功被万世。

后学陕西米锡礼题
1981 年 12 月 14 日
（米锡礼，即陕西中医药研究院米伯让）

祖国医药学是我国文化遗产中之伟大宝库，几千年来不但为人民保健事业作出巨大贡献，而且远播海外。仲景名著《伤寒杂病论》在东瀛西欧早有译本，流传于医林，为世界所重视。河南省南阳市卫生局为继承发扬仲景学术奥旨，筹建张仲景医史文献馆，藉资纪念。谨题俚言以颂之：医家亚圣，方书鼻祖，金匮玉涵，津遗万流。

上海中医学院教授张仲景医史文献馆
名誉馆长张赞臣题
1981 年 10 月

瞻仰先贤，启示后学；先忧而忧，后乐而乐；振兴医道，振兴中国。

任应秋敬书

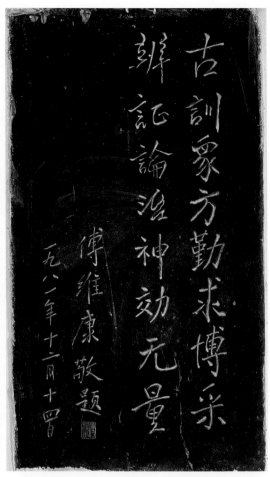

道冠千古，术流万世。

瞻仰医圣祠殷品之题

1981 年 12 月 14 日

古训众方，勤求博采，辨证论治，神效
无量。

傅维康敬题

1981 年 12 月 14 日

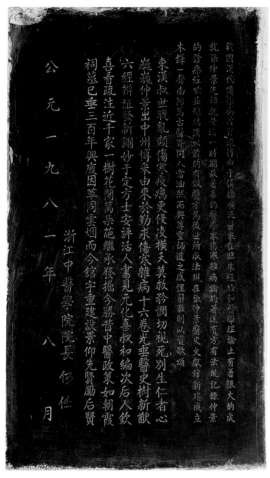

我国汉代传染病曾有流行，由于传播广泛，医家在临床经验和医学理论上有着很大的成就。张仲景先师就是这一时期最著名的医学家。《伤寒杂病论》的著述，有方有法，既记录仲景的诊疗经验，并总结汉以前的有效医方，为后世所取法。现在张仲景医史文献馆新建成立，木铎一声，南阳万古。医界同人当油然而兴尊重师道之感，俚辞数则以资歌颂：

东汉叔世战乱频，伤寒疫疠更侵凌。横天莫救矜悯切，视死别生仁者心。巍巍仲景出中州，博采由来于勤求。伤寒杂病十六卷，光垂医史树新猷。六经辨证发新锏，妙于定方士安评。活人书见元化喜，叔和编次后人钦。喜看疏注近千家，一树花开万朵葩。继承发掘今胜昔，中医政策如朝霞。祠墓已垂三百年，兴废因革同云烟。而今馆宇重建设，景仰先贤励后贤。

浙江中医学院院长何任

1981 年 8 月

一代医宗，万世景仰。

耿鉴庭敬题

辛酉冬日

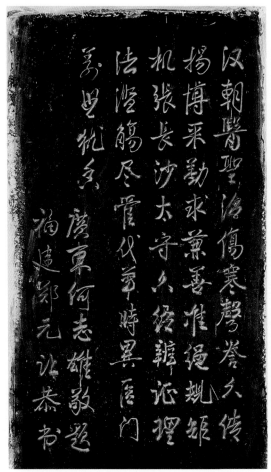

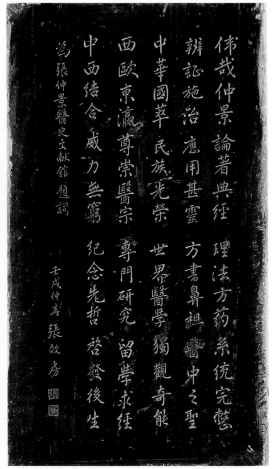

汉朝医圣治伤寒，声誉久传扬。博采勤求，兼善准绳规矩。机张，长沙太守，六经辨证，理法滥觞。尽管代革时异，医门万世犹香。

　　广东何志雄敬题　福建郑元让恭书

伟哉仲景，论著典经。理法方药，系统完整。辨证施治，应用甚灵。方书鼻祖，医中之圣。中华国粹，民族光荣。世界医学，独观奇能。西欧东瀛，尊崇医宗。专门研究，留学求经。中西结合，威力无穷。纪念先哲，启发后生。

　　为张仲景医史文献馆题词
　　壬戌仲春张效房

仲景大论，万古长青。

滦阳 岳美中

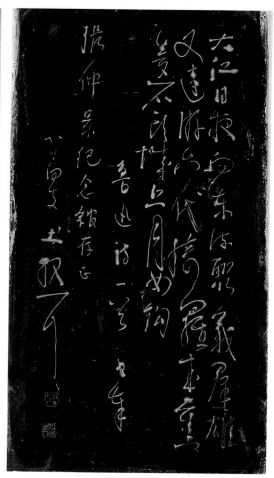

大江日夜向东流，聚义群雄又远游。六代绮罗成旧梦，石头城上月如钩。

——鲁迅诗一首

林散之题

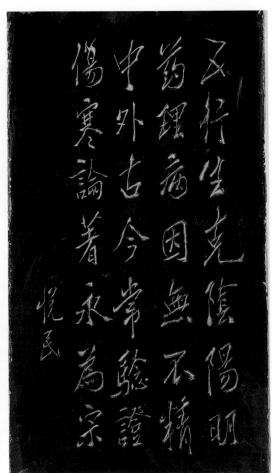

天机清旷长生海，心地光明不夜灯。

集怀仁圣教序以应医圣祠之嘱。

费新我

五行生克阴阳明，药理病因无不精。中外古今常验证，伤寒论著永为宗。

（李）悦民

勤求古训，博采众方。

上海沈济苍
辛酉初冬

时值汉末，群雄割踞（据），人民流离，生产凋敝，兵火连年，发生瘟疫，死人如麻，无以为计。维我先师，睹景流涕，勤求博采，志在救济，上溯内难，参以己意，推陈出新，著书问世。纲分阴阳，六经乃立，藏府气血，气化应之，三八九法，辨证论治，活人无算，春回大地。拜谒圣祠，鞠躬如仪，心香一瓣，传薪万世。

刘渡舟拜撰
乙丑年冬月上吉

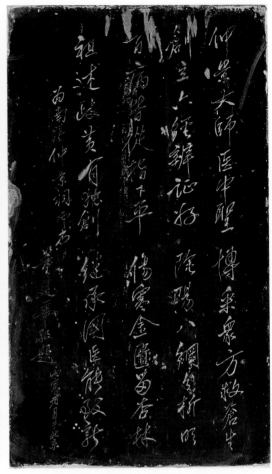

法垂后世千年颂，方传异国万里歌。

李今庸拜题并书
乙丑年孟冬之月于武昌

仲景大师医中圣，博采众方救苍生。创立六经辨证好，阴阳八纲分析明。百病皆从指下平。伤寒金匮留杏林，祖述岐黄有独创，继承国医能致新。

为南阳仲景祠而书
董建华敬题
丙寅暑日于北京

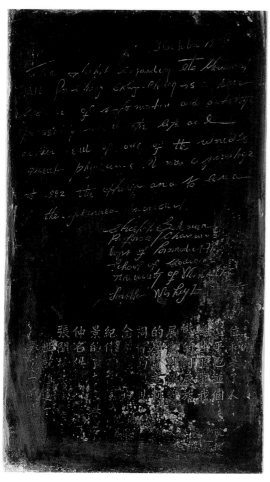

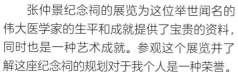

张仲景纪念祠的展览为这位举世闻名的伟大医学家的生平和成就提供了宝贵的资料，同时也是一种艺术成就。参观这个展览并了解这座纪念祠的规划对于我个人是一种荣誉。

美国华盛顿大学医学院教授包德默

勤求古训，博采众方。

原日本东洋医学会会长矢数道明题
1982 年

仲景遗德千古耀。

原日本东洋医学会会长矢数道明

1982 年

仲景开医药，已有两千年。伤寒金匮著，古今一脉传。

原日本东洋医学会会长寺师睦宗

1982 年 10 月 21 日

雪中松柏。　　　　　　　　　　　祝日中学术交流谊。

原日本东洋医学会谷美智士　　　　原日本医师东洋医学研究会岩桥信种

　　　　　　　　　　　　　　　　　　　　　　1982 年 1 月 2 日

择药性能，从古人之规矩，则何病不治？

原日本东洋医学会会长渡边武

1982 年 10 月 21 日

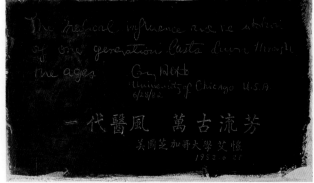

一代医风，万古流芳。

美国芝加哥大学艾恺

1982 年 6 月 28 日

（4）百寿亭

百寿亭内刻制的是我国历代著名书画家所写的"寿"字，有晋代"书圣"王羲之，唐代书法家欧阳询、颜真卿、柳公权，北宋书法家苏轼、黄庭坚、米芾、蔡襄，元代书法家赵孟頫，清代书画家郑板桥……历代书法家的"寿"字石刻于一壁，各具风格，神采各异。其中最值得一提的就是清代书法家吴昌硕的"寿"字，此字写得"又长又瘦"，号曰"长寿"。

人们治疗疾病就是为了延年益寿，中医药为中华民族数千年来繁衍昌盛做出了伟大的贡献。"百寿亭"之"寿"寓意健康长寿，旁边还有松鹤延年图、仙翁捧桃图、商周时期刻在钟鼎文上的金文百寿图，游客多在此与"寿"字合影留念，祈福健康长寿。

扫码看讲解

8   圣医林呈现的历代名医美丽画卷

　　医圣祠西长廊名曰圣医林。长廊墙壁上雕刻着历代名医画像，介绍中国上溯神农、黄帝，近到清代的名医石刻画像117幅。画像造型逼真，刻工精细，堪称艺术精品，每幅画像石刻技法秉承传统，又求变创新，画像下方配有名医生平简介，由当代书法家和中医学家用草、隶、篆等不同字体书写，具有很高的研究和收藏价值，向世人展示了祖国医学的发展史和为祖国医学做出卓著贡献的众多医学家。

　　中医学源远流长，是中华灿烂文化的重要组成部分，与中国传统文化一脉相承。中国五千年的传统文化孕育承载着厚重的中医文明，从神农尝百草、伏羲制九针开始，中医理论体系逐渐形成，其包括经络文化、本草文化、诊疗文化、养生文化等。中医理论中的大量思想来源于中国传统文化，包括天人合一、阴阳平和、医乃仁术、以人为本、上工治未病、标本兼治、辨证论治等哲学观，与中国传统的儒、释、道三家相互融合、相辅相成，具有先天的文化优势。

通过 117 位历史名医的石刻画像，我们对中医的起源、技术的发展、理论的革新、思想的变革、学科的进步有了全面而系统的认识，全景式了解了中医起源的代表人物三皇五帝、中医理论奠定的代表人物扁鹊、中医临床灵魂的代表人物张仲景、中医变革的代表人物华佗、中医理念进步的代表人物孙思邈、中医理论完善的代表人物李时珍、中医急症学的代表人物葛洪、中医针灸的代表人物皇甫谧、中医温病学的代表人物叶天士、中医儿科学的代表人物钱乙、中医法医学代表人物宋慈……

圣医林是中医药历史发展的完整展示，证明中医药历代皆有发展，是我国人民长期同疾病作斗争的经验、智慧、技术的结晶。中医药以悠久的发展历史、浓郁的民族特色、系统的理论体系、独特的诊疗方法，屹立于世界医药之林，成为人类医学宝库的重要财富，也为中华民族的繁衍昌盛做出了卓越贡献。

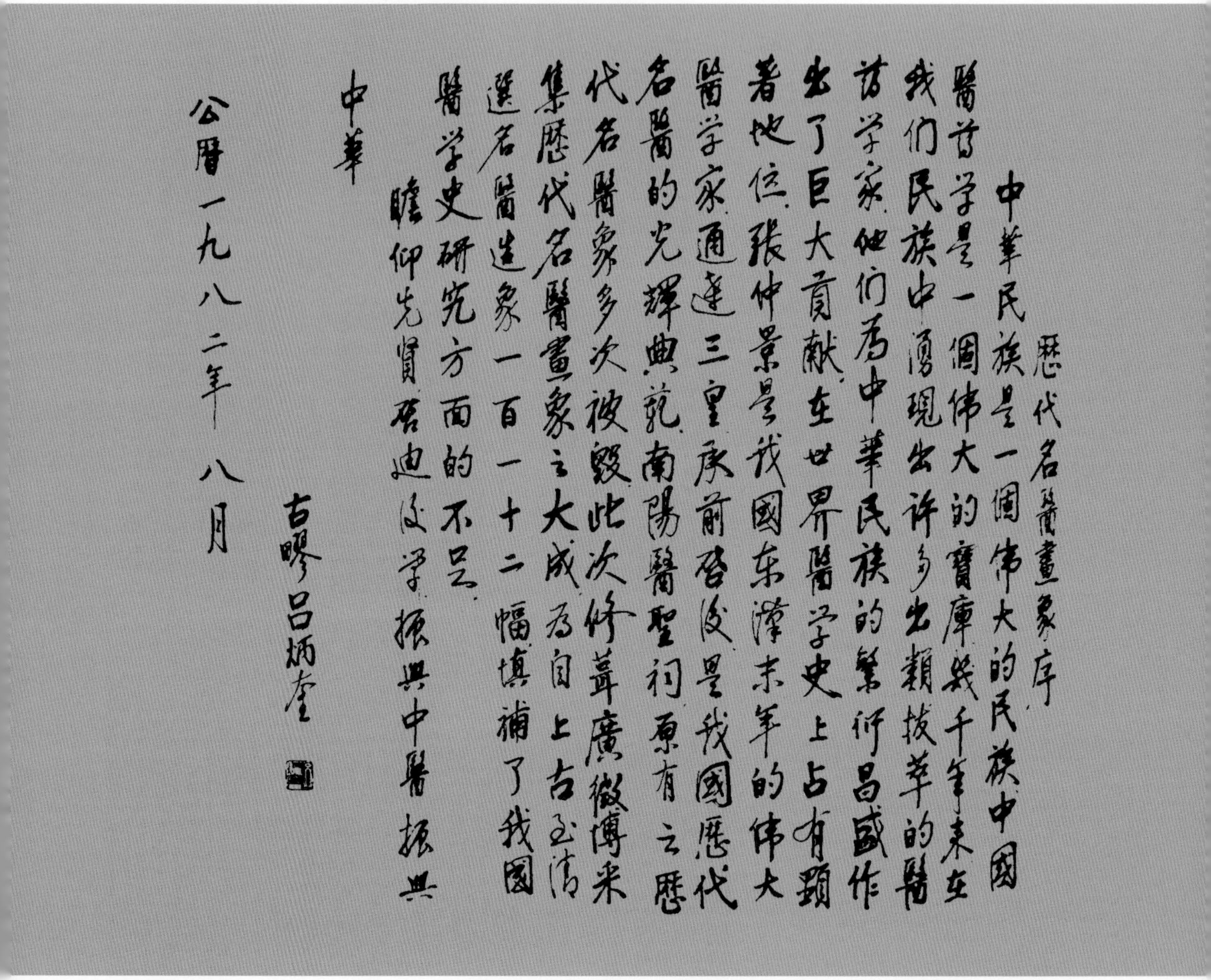

歷代名醫畫象序

中華民族是一個伟大的民族中國
醫藥学是一個伟大的寶庫幾千年来在
我们民族中湧現出許多出類拔萃的醫
药学家他们為中華民族的繁衍昌盛作
出了巨大貢献在世界醫学史上占有顯
著地位張仲景是我國東漢末年的伟大
醫学家通達三皇承前启後是我國歷代
名醫的光輝典范南陽醫聖祠原有之歷
代名醫象多次被毀此次修葺廣徵博来
集歷代名醫畫象之大成為自上古至清
選名醫造象一百一十二幅填補了我國
醫学史研究方面的不足。
　瞻仰先賢君迪及学振興中醫振興
中華

公曆一九八二年 八月
　　　古暾吕炳奎 〔印〕

历代名医画像序

吕炳奎

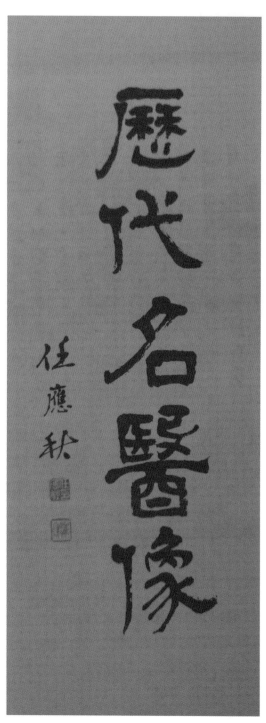

任应秋为历代名医像题字

伏　羲

伏羲，传说为中医药始祖。相传远古时，他教民结网，从事渔猎畜牧。又传创制八卦，"伏羲画八卦""所以六气六腑、五气五藏，阴阳四时，水火升降，得以有象，百病之理，得以有类"。又传创制九针，"乃尝百药而制九针，以拯夭枉焉"。

神　农

神农，即炎帝，传说是农业和中医药的发明者。相传远古时，他"斫木为耜，揉木为耒"，教民农业生产。又传尝百草发现药物，教人治病，"民有疾病，未知药石，炎帝始味草木之滋……尝一日而遇七十毒，神而化之，遂作方书，以疗民疾，而医道立矣"。

黄　帝

黄帝，姬姓，号轩辕氏，传说为中原各族的共同祖先，有很多发明创造，如养蚕，造舟车，创文字、音律、医药、算术。又传黄帝所创之医，为医之原理，"黄帝命雷公岐伯论经脉"。现存《黄帝内经》一书。

岐　伯

岐伯，传说中的古代医学家，黄帝之臣，又称黄帝的太医。相传黄帝"咨于岐伯而作《内经》。复命……岐伯、雷公察明堂，究息脉"，故后世称中医学为岐黄之术。

医 和

医和，春秋时秦国名医。创六气致病说。认为疾病非鬼神作祟，而是阴、阳、风、雨、晦、明的异常所引起。

扁 鹊

扁鹊，姓秦，名越人，战国时医学家。从长桑君学医，精于诊断，行医各地，反对巫术治病。对内、外、妇、儿、五官各科，能随俗应变。医术精湛，后遭秦太医令李醯妒忌杀害。《史记》《战国策》均有传记。《汉书·艺文志》载有《扁鹊内经》《扁鹊外经》，早已佚。现存《难经》一书，是后人托名秦越人作。

仓公（淳于意）

　　淳于意，山东临淄人。曾任齐太仓长，故称仓公，西汉医学家。少时好医药，从医公孙光，后又从公乘阳庆。学黄帝、扁鹊脉书及药录。《史记》有传记，载有医案二十五例，又称"诊籍"，对患者的姓名、职业、地址、辨证、治疗和预后等均有详细记录，是我国病例医案的创始。

涪　翁

　　涪翁，东汉人，姓名佚，常垂钓于涪水，人称涪翁。精针术与脉法，著《针经》《诊脉法》，原书佚。弟子程高，再传弟子郭玉，均以针灸称著。

华　佗

华佗，字元化，沛国谯（安徽亳州）人，东汉末年医学家。行医于皖、苏、鲁、豫等地，声名颇著。精内、外、妇、儿、针灸各科，外科尤为擅长。酒服麻沸散进行腹腔手术，是世界创举。还创有锻炼身体的"五禽戏"。后因不从曹操征召，遂为所害。《三国志》《后汉书》均有传记。所著医书已佚，现有《中藏经》，是后人托名之作。

张仲景

张仲景，名机，南阳郡（河南南阳）人。东汉末年著名医学家。相传任长沙太守。学医于同郡张伯祖，勤求古训，博采众方。著《伤寒杂病论》，经后人整理成《伤寒论》和《金匮要略》。两书分论外感热病与内伤杂病。倡六经分证和辨证论治原则，对祖国医学有杰出贡献，后世推崇为医中之圣。

王叔和

王叔和，名熙，高平人，晋代医学家，曾任太医令。精研医学，重视诊脉，收集前代诊脉文献，编成《脉经》十卷，是我国现存最早的脉学专书；又收集散佚的张仲景的《伤寒杂病论》，并加以整理，使仲景医学文献得以保存。

皇甫谧

皇甫谧（215—282），字士安，自号玄晏先生，安定朝那（甘肃台凉西北）人，晋期间医学家。幼年家贫，以务农为业。从坦席学儒，生平好学不辍，中年患风痹疾，乃精研医学。著有《针灸甲乙经》，为针灸学奠定基础。另著有《帝王世纪》《高士传》《列女传》《玄晏春秋》等。

葛　洪

葛洪（284—364），字稚川，自号抱朴子，东晋句容（江苏）人。精医学，长期从事炼丹活动，间交趾出丹砂。至广州罗浮山炼丹，在山积年而卒。撰《神仙传》《抱朴子》《肘后备急方》等。他从炼丹术中发现多种化合物，对医药学之发展有贡献，成为制药化学之前驱。

范　汪

范汪，字玄平，又称范东阳，晋颍阳（河南许昌）人，善医术，撰《范汪方》，又名《范东阳方》，一百七十卷。原书佚，内容散见于《外台秘要》等古医书。

雷敩

雷敩，南朝刘宋时人。长于药物炮炙法，撰《雷公炮炙论》三卷，原书佚，内容为历代本草书收录。某些炮制方法沿用至今。

龚庆宣

龚庆宣，南朝齐梁时人。编撰《刘涓子鬼遗方》十卷，是我国现存最早之外科专著，堪称五世纪以前中医诊治外科成就之总结。

陶弘景

陶弘景（456—536），字通明，自号华阳隐士，丹阳秣陵（江苏南京）人。南朝齐梁时期道教思想家、医学家。幼年崇拜葛洪所作《神仙传》，中年隐居茅山，炼丹采药，以图长生。他对历算、地理、医学都有研究，著有《神农本草经集注》，该书载有药物 730 种，保存了《神农本草经》原有药物，增收了魏晋期间的新药。首创了玉石、草木、虫、兽、果、菜、米以及诸病通用药的分类法，为临证用药提供了方便。另著有《补阙肘后百一方》《药总诀》等。

徐之才

徐之才，字士茂，江苏丹阳人。世代为医，有名于北齐，辑《药对》《徐王八世家传效验方》《徐氏家秘方》等，均不传。

巢元方

　　巢元方，隋代医学家。曾任太医博士，隋大业六年（610年）主持编辑《诸病源候论》五十卷，对内、外、妇、儿、五官各科疾病的病源、证候诊断和预后都有详细叙述，对后世医学影响较大。《外合秘要》《大平圣惠方》等名著，其病因病理大多依据此书。《诸病源候论》实为我国第一部病因证候学专著。

苏　敬

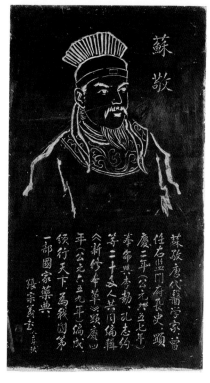

　　苏敬，唐代医学家。曾任右监门府长史，显庆二年（657年），奉命与李勣、孔志约等二十多人共同编辑《新修本草》。显庆四年（659年）编成，颁行天下，为我国第一部国家药典。

孙思邈

　　孙思邈（581—682），京兆华原（陕西耀县）人。唐代著名医学家。学识渊博，早年考中进士，隋文帝、唐太宗、唐高宗屡召不就，决心隐居终生，致力于医学。先后写成《千金要方》《千金翼方》各三十卷，内容颇为丰富。首先提倡医德，他认为"人命至重，贵于千金，一方济之，德逾于此"。重视妇女和小儿疾病；用动物脏器治疗疾患，是世界创举。后世尊称他为"药王"。

孟　诜

　　孟诜，唐汝州（河南临汝）人。曾任光禄大夫。长于饮食疗法，撰《食疗本草》三卷，原书佚，仅存唐人写本残卷。尚有《必效方》三卷、《补养方》三卷。

陈藏器

陈藏器，唐四明（浙江鄞县）人。曾任京兆府三原县尉。编撰《本草拾遗》十卷，原书佚，内容为《证类本草》收录。

王　焘

王焘，唐代医学家。曾任弘文馆要职，公元752年编成《外合秘要》四十卷，辑录唐以前医家对各科疾病的理论和方药，包括内、外、妇、儿、五官等科疾病，对某些传染病论述尤详，重视灸法。他在整理保存古医书工作上有一定贡献。

王　冰

　　王冰，自号启玄子，唐代医学家。曾任太仆令。整理注释《黄帝内经·素问》二十四卷，对保存和发扬古代医学文献做出贡献。

蔺道人

　　蔺道人，唐长安（陕西西安）人。精伤、骨科，撰《仙授理伤续断秘方》一卷，是我国现存第一部伤科专著，对关节损伤治疗的发展有深远影响。

咎殷

咎殷，唐四川人。精妇产科，撰《经效产宝》，又名《产宝》三卷，是我国现存最早的妇产科专著。又撰《食医心鉴》三卷。

韩保昇

韩保昇，五代时本草学家，四川人。曾任蜀翰林学士。奉命编辑《重广英公本草》，又名《蜀本草》二十卷，原书佚。

刘 翰

　　刘翰，宋临津（河北临津）人。曾任尚药奉御、翰林医官。世习医业，开宝六年（973年）奉命与马志等人共同校编《开宝新详定本草》二十卷，原书佚，内容为后世本草书收录。

王怀隐

　　王怀隐，宋睢阳（河南商丘）人，善医术，曾任尚药奉御、翰林医官。太平兴国三年（978年）奉命与王祐、郑奇等人修编方书，淳化三年（992年）编成《太平圣惠方》一百卷。

王惟一

王惟一，宋代针灸学家，为仁宗、英宗时代御医。天圣四年（1026年）著有《铜人腧穴针灸图经》三卷。其在总结前人针灸医疗实践的基础上，考定了明堂图经络孔穴，并主持设计铸作铜人两具，为针灸教学和考试医师之用。针灸铜人和《铜人腧穴针灸图经》在针灸学上有较大的影响，并为国内外医学界所重视。

掌禹锡

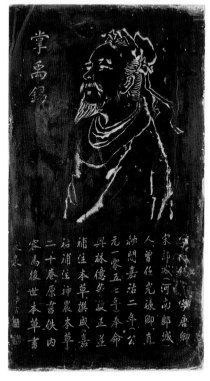

掌禹锡，字唐卿，北宋郾城（河南郾城）人。曾任光禄卿、直秘阁。嘉祐二年（1057年），奉命与林亿等校正并补注本草，撰成《嘉祐补注神农本草》二十卷。原书佚，内容为后世本草书收录。

苏　颂

苏颂，字子容，北宋泉州（福建泉州）人，后迁居丹阳（江苏丹阳）。曾任右仆射、中书门下侍郎。奉命将动、植、矿物药图辑成《图经本草》，又名《本草图经》，原书佚，图文均见《证类本草》。

唐慎微

唐慎微，字审元，宋晋原（四川崇庆）人，后迁居成都。世代为医，广泛采集名方秘录，编成《经史证类备急本草》三十二卷。

韩祗和

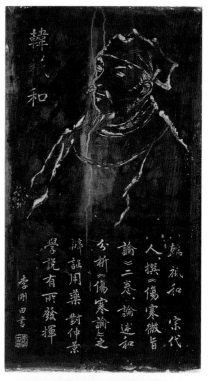

韩祗和，宋代人。撰《伤寒微旨论》二卷，论述和分析《伤寒论》之辨证用药，对仲景学说有所发挥。

董 汲

董汲，字及之，北宋东平（山东东平）人。擅长儿科，尤精痘疹。撰《小儿斑疹备急方论》一卷，又撰《脚气治法总要》《旅舍备要方》。

杨子建（杨康侯）

杨康侯，字子建，号退修，宋代人。撰《十产论》，记述各种难产及助产方法，是我国早期产科专著之一。又撰《护命方》《通神论》等。

庞安时

庞安时，字安常，北宋蕲州蕲水（湖北浠水）人。撰《伤寒总病论》六卷，阐发仲景学说，是宋代著名伤寒学者之一。又撰《难经解义》《本草补遗》《验集方》，皆佚。

杨 介

　　杨介，字吉老，北宋泗州（江苏盱眙）人。撰《存真图》，是我国早期人体解剖图谱，原图不传。又撰《四时伤寒总论》《伤寒论脉诀》等。

陈师文

　　陈师文，宋临安（浙江临安）人。曾任尚书库部郎中、提辖措置药局。与裴宗元等人多次整理、修订药局成药处方，编成《和剂局方》，后改名为《太平惠民和剂局方》。另撰《指南总论》十三卷。

朱 肱

朱肱，字翼中，自号无求子，宋乌程（浙江吴兴）人。曾任奉议郎。医学博士，著《伤寒百问》，后加校正和附方，改名《南阳活人书》或称《证类活人书》，阐发仲景学说。另撰《内外二景图》等。

钱 乙

钱乙（约1032—1115），字仲阳，郓州（山东东平）人。北宋儿科专家。曾任太医院丞，专业儿科数十年，具有丰富的临床经验。学生阎效忠收集整理钱乙医学经验，1119年辑成《小儿药证直诀》。书中载述的五脏补泻药方，后世颇多采用。

寇宗奭

寇宗奭，宋代药物学家。曾任澧州（湖南澧县）县吏。撰《本草衍义》三卷，鉴别药物真伪优劣，研究药物加工炮制，均有卓见。

许叔微

许叔微，字知可，宋真州（江苏仪征）人。曾为翰林学士。对《伤寒论》有研究，撰《伤寒百证歌》《伤寒发微论》《伤寒九十论》等，阐发仲景学说。又善于化裁古方，创制新方，编撰《普济本事方》十卷。

张 锐

张锐，字子刚，宋蜀西川人。曾任太医局教授。精于医术，治疗有显效。撰《鸡峰普济方》一卷，已佚。

成无己

成无己，金聊摄（山东聊城）人。世代为医，钻研仲景学说。撰《注解伤寒论》十卷，是我国现存最早的《伤寒论》全注本，对后世伤寒学的发展颇有影响。另有《伤寒明理论》三卷、《伤寒论方》一卷。

刘　昉

刘昉，字方明，南宋潮阳（广东潮阳）人。曾任漳州知州兼荆湖南路安抚使。重视幼科，他主编的《幼幼新书》四十卷，是我国早期儿科学专著之一。

陈　言

陈言，字无择，南宋青田（浙江青田）人。精方药，穷研受病之源。著《三因极一病证方论》十八卷，着重论述致病之三因（内因、外因、不内外因），后世医家宗之。

刘完素

刘完素（1120—1200），字守真，自号通玄处士，河间（河北河间）人。金代医学家，世称刘河间。研究《黄帝内经·素问》达 35 年之久，著有《运气要旨论》《素问玄机原病式》《医方精要宣明论》等。他认为六气都从"火"，治病以"降心火、益肾水"为主，喜用良药，后世称他"寒凉派"，对温病派的形成有一定影响。

张元素

张元素，字洁古。金代易州（河北易县）人。精医术，善于化裁古方，自制新方。对药物气味的升降作用和药物归经有独特见解，撰《医学启源》《珍珠囊》《脏腑标本药式》等。

张 杲

张杲，字季明，宋新安（安徽歙县）人。三代世医，撰《医说》十卷，载有历代医家、医书、诊法，以及治疗多种疑难杂证的经验。

崔嘉彦

崔嘉彦，字希范，号紫卢道人，南宋南康（江西南康）人。精研脉学，撰《脉诀》一卷，又名《崔氏脉诀》。以四言歌诀形式阐述脉学义理，便于初学者习诵。

李 迅

李迅，字嗣立，南宋泉州（福建泉州）人。曾任大理评事。精外科，善治背疽，撰《集验背疽方》一卷。

郭 雍

郭雍，字子和，南宋洛阳（河南洛阳）人。早年从父学儒，其后钻研医书，尤致力于伤寒。撰《伤寒补亡论》二十卷。对辑佚工作有贡献。

张从正

张从正（1156—1228），字子和，号戴人，睢州考城（河南兰考）人。金代医学家。精于医，其法宗刘完素，善用汗、吐、下三法。著有《儒门事亲》等书。主张"治病重在驱邪，邪去则正安"，后世称他为"攻下派"。

陈自明

陈自明，字良甫，抚州临川（江西）人。南宋妇科学家。三世行医，曾任建康府医书院医谕，通行东南各地，访求医学文献，采集各家学说之长，时以家传经验。1237年著成《妇人大全良方》二十四卷，详述了妇女调经、妊娠、临产、产后的治疗和护理。另著有《外科精要》，对治疗外科也有一定贡献。

宋　慈

宋慈（1186—1249），字惠父，建阳童游里（福建）人，宋代法医学家。曾任广东、湖南等地提点刑狱官，办案着重实地检验。1247年著成《洗冤集录》五卷，是我国第一部系统的法医学专著，也是世界最早的法医学专著，广传国内外，对法医学的发展有重大贡献。

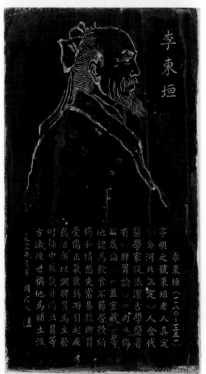

李杲（李东垣）

李东垣（1180—1251），本名李杲，字明之，号东垣老人。真定（河北正定）人。金代著名医学家。师名医张元素，认为"内伤脾胃，百病由生"，治疗上强调调理脾胃，补中益气，善用温补，后世称之为"补土派"。撰有《脾胃论》《内外伤辨惑论》《兰室秘藏》《医学发明》等，对中医学发展有着深远的影响。

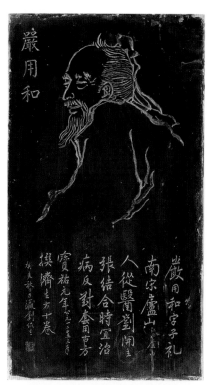

严用和

严用和，字子礼。南宋庐山人。精通医术，主张结合时宜治疗疾病，反对套用古方。撰《济生方》十卷。

陈文中

陈文中，字文秀，南宋宿州符离（安徽宿县）人。居江苏涟水15年，涟人皆称之为宿州陈令。以擅长医术闻名，精通内、儿等科，尤精于小儿疮疹。著有《小儿病源方论》四卷、《小儿痘疹方论》一卷。

罗天益

　　罗天益，自谦甫，元代著名医学家，河北藁城人。受业于李东垣，潜心苦学，尽得其术。曾随军担任太医，为蒙古族长官治病。罗天益承李东垣学说，根据自己多年治病之经验，参考诸家医理，撰《卫生宝鉴》二十四卷，另撰《药象图》《内经类编》等。

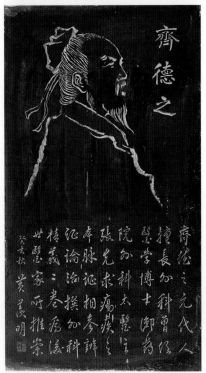

齐德之

　　齐德之，元代外科医生。曾任医学博士、御药院外科太医。他的学术思想强调从整体观出发来认识疮疡病因，在诊断与治疗上重视全身症状合脉证，作为辨证论治依据。根据从《黄帝内经》至唐宋时期医书中有关外科疮肿等资料，结合自己的临证经验，于1335年编成《外科精义》二卷，受到后世医家的推崇。

滑　寿

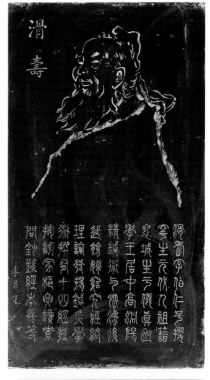

　　滑寿，字伯仁，号樱宁生。元代著名医学家。祖籍襄城（河南襄城），后迁仪真（江苏）和余姚（浙江）。自幼习儒学，擅长诗文，后学医。对《素问》《难经》等书，深有领会。撰《读素问钞》《难经本义》《诊家枢要》《十四经发挥》等。

杜本

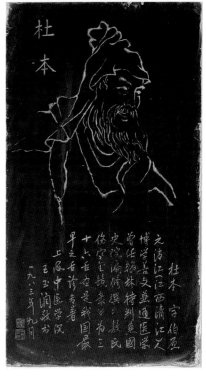

　　杜本，字伯原，元清江（江西清江）人。博学善文，兼通医学，曾任翰林待制兼国史院编修。撰《敖氏伤寒金镜录》，为三十六舌图，是我国最早之舌诊专著。

危亦林

　　危亦林，字达斋，元代江西南丰人氏。官居南丰医学教授。擅长骨伤科、整骨复位，主张先行麻醉。脊椎骨折，最早采用悬吊复位法。撰有《世医得效方》二十卷。

葛可久（葛乾孙）

　　葛乾孙，字可久，元长洲（江苏苏州）人。世代为医。善治痨瘵（肺结核），撰《十药神书》《医学启蒙》等。

朱震亨

朱震亨（1281—1358），字彦修，婺州义乌（浙江义乌）人。元代医学家。早年好医学，继从许谦学理学，后又从罗知悌学医，创"阳常有余，阴常不足"之说，治病重在"滋阴降火"，后世称为"滋阴派"。著有《格致余论》《局方发挥》《本草衍义补遗》等。

王 履

王履，字安道，号畸叟，元末明初昆山（江苏昆山）人。曾学医于朱震亨，钻研并阐发医经，撰述较多，仅存《医经溯洄集》。

朱 橚

朱橚（周定王），明太祖第五子。撰《救荒本草》四卷，附有图谱。又与滕硕、刘醇等编撰《普济方》一百六十八卷，是明初一部大型医方书。

薛 己

薛己，字新甫，号立斋，明吴县（江苏苏州）人。世代为医，任御医太医院使，通内、外、妇、儿、眼、齿等科，外科尤精。编辑和校刊医书较多，经后人整理编成《薛氏医案》二十四种。

江　瓘

江瓘，字民莹，明安徽歙县人。汇集古代名医医案为《名医类案》十二卷，是我国第一部内容较系统和完备的医案著述。

万　全

万全，字密斋，明罗田（湖北罗田）人。以祖传儿科闻名。精儿科及养生学，医理宗钱乙，治疗重视调补脾胃。撰《万密斋医学全书》十种。

徐春甫

徐春甫，字汝元，明安徽祁门人。博览医书，通内、妇、儿科。编撰《古今医统》《内经要旨》《妇科心镜》《幼幼汇集》等。医论和著述对后世有一定影响。

楼　英

楼英，字全善，名公爽，明萧山（浙江萧山）人。医理遵从《内经》等古典医籍，长于《易》学，医理强调阴阳五行，撰《医学纲目》四十卷、《运气类注》四卷等。

李时珍

　　李时珍，字东璧，号濒湖，蕲州（湖北蕲春）人。明代杰出医药学家。世业医，自幼继承家学，著有《本草纲目》《濒湖脉学》《奇经八脉考》，流传于世。另有《五脏图论》《三焦客难》《命门考》等，已佚。《本草纲目》是经历27年撰写而成，收载药物达1892种，其中新增药物374种，总结了16世纪前药物学经验，对后世药物学的发展做出了重大贡献。

马 莳

　　马莳，字元台，明会稽（浙江绍兴）人。编注《黄帝内经素问注证发微》《黄帝内经灵枢注证发微》各九卷。《灵枢》自古无注，其为最早注释《灵枢》的医家。

方有执

方有执，字仲行，明安徽歙县人。致力于《伤寒论》研究二十余年，推崇仲景之意，加以编注、考订，撰《伤寒论条辨》八卷。

杨济时

杨济时，字继洲，明浙江三衢人。世代为医，曾任太医院御医。针药并重，重视辨证论治，精于针灸术。杨氏以早年撰写的《玄机秘要》为基础，汇集历代针灸文献及明以前针灸学之精华，于1601年编成《针灸大成》，又名《针灸大全》十卷，内容丰富，穴位考证评实，流传国内外。

王肯堂

王肯堂，字宇泰，明江苏金坛人。任翰林检讨。撰《证治准绳》四十四卷，又称《六科证治准绳》。另有《郁冈斋笔尘》《医论》《医辨》，辑有《古今医统正脉全书》等。

龚廷贤

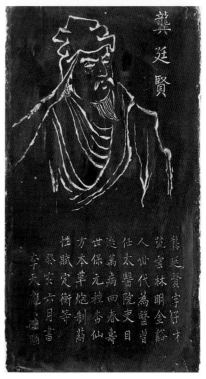

龚廷贤，字子才，号云林，明金溪（江西金溪）人。世代为医，曾任太医院吏目。编述较多，有《万病回春》《寿世保元》《种杏仙方》《本草炮制药性赋定衡》等。

赵献可

赵献可，字养葵，明鄞县（浙江宁波）人。撰《医贯》六卷，阐发命门学说。倡言命门之火是人体之本，治病应以养火为主。

张介宾

张介宾，字景岳，又字会卿，明山阴（浙江绍兴）人。对《内经》颇有研究，撰有《类经》《类经图翼》《类经附翼》《质疑录》。晚年又辑成《景岳全书》。临证常用温补剂，被称为温补派。

陈司成

陈司成，字韶九，明末浙江海宁人。八世为医，善治梅毒。崇祯五年（1632年），撰《霉疮秘录》，为我国现存最早之梅毒学专著。

吴又可（吴有性）

吴有性，字又可，江苏震泽（江苏苏州）人。明末医学家。精医术，敢破旧说，倡言"守古法不合今病"，创"疠气"病因说。认为瘟疫病因，推究病源，并非时气、伏邪，而是不能见、闻、触的"疠气"。疠气由口鼻而入，不同于伤寒之邪，并均有其独特性。就已开历验，著有《温疫论》一书，对温病学说有很大贡献。

李中梓

李中梓，字士材，号念莪，明末华亭（上海松江）人。精研古医籍及各家著述。编撰有《内经知要》《士材三书》《医宗必读》《雷公炮制药性解》《颐生微论》等。各书立论审慎而平正，能由博返约，流传甚广。

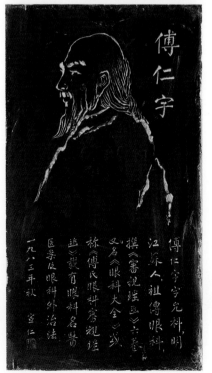

傅仁宇

傅仁宇，字允科，明江苏人。祖传眼科，撰《审视瑶函》六卷，又名《眼科大全》，或称《傅氏眼科审视瑶函》，载有眼科名医医案及眼科外治法。

喻　昌

　　喻昌，字嘉言，号西昌老人，明末清初新建（江西南昌）人，迁居常熟。医术推崇张仲景《伤寒论》。撰《尚论篇》八卷、《医门法律》、《寓意草》六卷等。

傅　山

　　傅山，字青主，清初阳曲（山西太原）人。工诗文书画，兼精医术，擅长妇、内科，撰《傅青主女科》《傅青主男科》，流传较广。

张　璐

　　张璐，字路玉，号石顽，清长洲（江苏苏州）人。所编《张氏医通》最为著名；另有《诊宗三昧》和《本经逢原》以及《千金方衍义》等，著作切合实用，流传较广。

柯　琴

　　柯琴，字韵伯，号似峰，清代医学家，原籍浙江慈溪，后迁居虞山（江苏常熟）。对《内经》《伤寒论》颇有研究。撰《伤寒来苏集》，另有《内经合璧》，已佚。

张志聪

张志聪，字隐庵，清浙江钱塘（杭州）人。九代行医，医理宗《内经》《伤寒论》，主张以阴阳、五运六气之理论述伤寒、本草，并注重药物之制化、升降浮沉等。撰《素问集注》《灵枢集注》《伤寒论集注》《本草崇原》等。张氏之学对后世医学发展颇有影响。

汪 昂

汪昂，字讱庵，清安徽休宁人。精研古医籍，兼采诸家之长，编撰《医方集解》《素问灵枢类纂约注》《汤头歌诀》《本草备要》等。撰述简明扼要，浅显易懂，为学者所称。

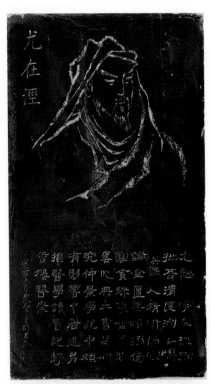

尤在泾（尤怡）

尤怡，字在泾，号拙吾，清长洲（江苏苏州）人。精研《伤寒论》《金匮要略》，撰《伤寒贯珠集》《金匮要略心典》二书，是研究仲景学说中颇有影响之书籍。另撰《医学读书记》《静香楼医案》。

王洪绪（王惟德）

王惟德，字洪绪，号林屋散人，清江苏吴县人。兼通内、外、妇、儿等科，尤长外科，认为医治外科疾病"以消为贵，以托为畏"，戒刀针毒药，撰《外科证治全生集》一卷。

薛白生（薛雪）

薛雪，字生白，自号一瓢，清江苏吴县人。长于温热病，与叶天士齐名。不愿以医名，故少著述。撰《湿热条辨》一卷。

吴　谦

吴谦，字六吉，清安徽歙县人。曾任太医院院判。乾隆年间，奉命主编医学丛书《医宗金鉴》九十卷，为医者必修善本。

叶天士（叶桂）

　　叶桂（1667—1746），字天士，号香岩，清代医学家。他继承家学，闻人善治某症，即往师之，集众人之长，自成一家。著有《温热论》，倡温病卫、气、营、血的辨证和治疗方法，对温病学说颇有发展。其治疗各科疾病，能灵活运用古法。处方精简，用药配伍有独到见解。尚有《临证指南医案》《叶杜医案存真》《未刻本叶氏医案》，均为后人所编。

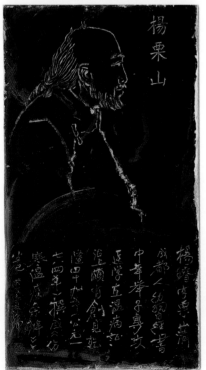

杨栗山（杨璿）

　　杨璿，字栗山，清代温病学家，河南夏邑人。幼习经书，专攻医学，在温病证治上颇具创见。晚年行医于江苏，创用升降散等方救治疫病，每获良效。撰《伤寒温疫条辨》一书。

徐大椿

徐大椿，字灵胎，又名大业，晚号洄溪老人，清江苏吴江人。曾任翰林检讨并编纂《明史》。撰《难经经释》《神农本草经百种录》《医贯砭》《医学源流论》《伤寒类方》《慎疾刍言》《兰台轨范》等，并对《外科正宗》《临证指南》加以评定。

赵学敏

赵学敏，字恕轩，号依吉，清钱塘（浙江杭州）人。博览医药文献，广泛搜求民间医药，编成《本草纲目拾遗》十卷，是为继《本草纲目》之后另一部集本草大成之作。又编有《串雅内篇》《串雅外篇》等。

沈金鳌

沈金鳌，字芊绿，晚号尊生老人，清江苏无锡人。博通经史，中年后致力医学，撰《沈氏尊生书》七十二卷。

吴鞠通（吴塘）

吴塘（约 1758—1836），字鞠通，江苏淮阴人。清代医学家。曾在江苏、浙江、北京等地行医。他在叶天士的温病论治基础上，独创三焦辨证，著有《温病条辨》六卷，对温病的诊断和治疗有所发展。另著《（吴鞠通）医案》五卷，对杂病治疗亦有独到之处。

陈修园（陈念祖）

陈念祖，字修园，号慎修，清福建长乐人。曾任直隶威县知县。撰有《灵素节要浅注》《伤寒论浅注》《金匮要略浅注》《神农本草经读》《医学从众录》《医学实在易》《时方妙用》《医学三字经》等，后人纂辑为《陈修园医书十六种》，通俗易懂，流行较广。

钱秀昌

钱秀昌，字松溪，清上海人。受业于杨雨苍。精伤科，嘉庆十三年（1808 年）撰成《伤科补要》四卷。

王清任

王清任（1768—1831），字勋臣，河北玉田人，清代医学家。他认为业医诊病，先明脏腑。曾去坟冢、刑场检视尸体脏器结构。著有《医林改错》，纠正了古书上一些错误的记载。在理论和治疗上，重视气血，擅长活血化瘀的方法，创制用之有效的医方，深受后人的赞颂。

王孟英（王士雄）

王士雄，字孟英，浙江海宁人，移居杭州，又迁上海，清代医学家。著有《温热经纬》，结合古代温病理论和各家论说，阐明了温热病的病源、症状、诊断及治疗原则，提出温病分为新感、伏气两大类，对温病学说频有阐发。还著有《霍乱论》《归砚录》《女科辑要》《四科简效方》《（王氏）医案》等。

费伯雄

费伯雄，字晋卿，清江苏武进人。主张师（张仲景）法而不泥古，善于化裁古方，创制新方。撰《医醇剩义》《医方论》。

吴尚先

吴尚先，又名安业，字师机，清钱塘（浙江杭州）人。擅长外治法，撰《理瀹骈文》，为我国外治法专著，世称外治之宗。

夏春农（夏云）

　　夏云，字春农，晚清江都（江苏扬州）人。长于外感证，兼精喉证。撰《疫喉浅论》《会厌论》等。

雷　丰

　　雷丰，字少逸，晚清医学家。长于温病及时症，撰《时病论》八卷。其治法和医方，为近代采用。

李纪方

李纪方，字伦青，清湖南衡山人。擅长喉科，撰《白喉全生集》一卷，内容简要，切于实用。

唐宗海

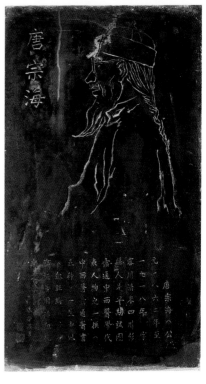

唐宗海（1862—1918），字容川，四川彭县（彭州）人，是早期试图汇通中西医学的代表人物之一，撰《中西汇通医书五种》。临证运用活血化瘀等法，有独到之处。

马培之（马文植）

马文植，字培之，清末江苏武进孟河人。素精内外科，清咸丰、光绪年间闻名遐迩。奉召进京为慈禧诊病，御赐"务存精要"匾额，誉其医理精湛。尤擅长外科。撰有《马评外科证治全生集》《外科集腋》等。

周学海

周学海，字澄之，清末安徽建德人。曾任浙江候补道。撰《脉义简摩》等脉学专著四种，生平校订评注医书颇多。汇刻《周氏医学丛书》三集，共三十二种。

9　山门面南而坐石狮守

　　医圣祠的山门，是一座高大宏伟的朱红色拱券式山门，是三个门洞的殿式建筑，中间有一个门洞，两边各有一个稍小一些的对称门洞。拱券式门洞，单檐歇山式屋顶，红墙黄瓦。山门正面镶嵌的"医圣祠"匾额，其字是中国书法家协会第一任主席舒同先生题写的。山门背面镶嵌着的是我国古文字学家、考古学家、金石篆刻家、书法家、曾任中山大学教授的商承祚先生题写的"医圣祠"匾额。

　　山门门前立有明代雕刻的石狮一对。我国古代民间视狮子为瑞兽的一种，百兽之王，勇不可当，威震四方，不但可以避邪，还可带来祥瑞之气。延传至今，代表着一种建筑文化，寓意可以帮助人们战胜厄运，带来平安。山门前这对威武雄壮的石狮，既代表着对一切灾害的震慑，又彰显着医圣在世人心中的崇高地位，与人民追求安定和谐的心理紧密相连。民间有谚语："摸摸狮子头，百病都不愁；挠挠狮子背，荣华又富贵；拍拍狮子腚，永远不生病。"

10　春台亭、秋风阁，登高望远览胜处

　　春台亭和秋风阁是医圣祠中院的两座亭子。《春秋》是由孔子编写的一部史书，而张仲景的《伤寒杂病论》有"医学春秋"之称，因此，医圣祠修建了"春台亭"和"秋风阁"以纪念医圣张仲景对祖国医学的伟大贡献。

　　春台亭和秋风阁为祠内最高建筑，登上春台亭或秋风阁，可将祠内美景尽收眼底，是绝佳的观景处。

　　春台亭位于东侧，其上有一口"医圣钟"，钟体铸有"国医祖庭""中医圣地""医圣钟"字样。该钟经 100 天历炼，重达 1.6 吨，高 1.99 米。它践行着"正本清源，福泽天下"的理念，传承着仲景先师的医学思想，见证了基层大夫为实现国家的健康梦、民族的中医梦的励精图治。著名文化学者、书法家张兼维先生亲自为医圣钟撰写铭文：

　　钟为八音之首，宗祠寺庙，以钟传义，振荡浩气，宣表敬诚。庄严雄浑，鸣天道地德，沉穆宏远，民信国风。

国医中兴，圣祠重光，九鼎锐创，大愿鼎力，铸医圣钟，悬春台亭。逢仲景诞辰，医圣节庆，金声玉振，钟鼓齐鸣，中医药界，群贤朝拱，民心民愿得大集聚，仲景精神得大弘扬，圣德祖业，佑我万世，流芳千秋。

　　春台亭的对面，即中院西侧为秋风阁。秋风阁上有世界第一大锣——仲景铜锣。该锣直径 1.863 米，由中国最大铜企洛铜公司设计制作。2013 年，南阳举办第一届"仲景国际论坛"时正值医圣张仲景诞辰 1863 周年，铜锣直径与张仲景诞辰呼应，并在"仲景国际论坛"开坛仪式上鸣锣开坛。国家中医药管理局王国强局长敲响第一锣。第二届"仲景国际论坛"时，由全国政协副主席厉无畏鸣锣开坛，并在论坛上作了以中医大健康为主旨的长篇报告。此后，每届"仲景国际论坛"都要举行鸣锣开坛仪式，代表了仲景论坛的级别，推进了仲景文化的传承，提升了南阳在中医药学术界的地位。

扫码看讲解

11　仲景墓前缅怀先师

　　张仲景墓及祠是第三批全国重点文物保护单位，类型为古墓葬，公布批号为"3-0240-2-011"。仲景墓坐北朝南，由墓、墓亭、拜殿三部分组成，占地157.3平方米

（1）拜殿

拜殿，坐北朝南，占地百余平方米，是古往今来拜祭医圣的主要场所。拜殿是重檐歇山式挑檐屋顶，重檐庑殿顶在古建筑中是规格最高的屋顶样式。墓是仿汉式，始建于何时，已无确考。墓前的石碑，为清朝所立。拜殿内有多副楹联和多块匾额。汉代风格的拜殿和墓亭前后攀连，结为一体，给人清雅肃穆之感，使人顿发思古之情、顿生无限敬仰。

医圣祠，是城市人文历史的独特文化符号，医圣墓冢所在、世人祭拜的祠堂，是传承仲景医风医德、弘扬中医药文化的神圣之地。

张仲景，是中医药界的至"圣"，祭拜医圣，是民众对中医药学及中医药文化的崇敬。祈福，祈的是健康，是家人的健康，是民族的健康，是对这个民族生生不息、繁荣昌盛的美好祝愿……圣德惠民香火旺，万众福祉盛名扬。

1）拜殿前的楹联

上联：上工济民下工问病皆关百姓生死
下联：圣人明道常人敬法同体天地经纶
　　　　　（楹联：文化学者张兼维撰，
　　　　　南阳西峡书画院院长陈默书）

【注释】治未病的医生和普通的医生，都是为了救助黎民百姓。圣人能感知天地之间的真理，普通百姓遵循圣人的法则，共同体会天地之间的自然规律。

上联：民命至贵活人之术广济世

下联：医道精深伤寒大论独擎天

　　（楹联：文化学者张兼维撰，

　　　　　文化学者魏世权书）

【注释】老百姓的生命最宝贵，历代大医都是为了民族、国家，为了让老百姓健康。一部《伤寒杂病论》撑起了中医学的天空。

上联：启法程立宗鉴直取天地真意

下联：救民瘰济苍生正是大医本心

　　（楹联：文化学者张兼维撰）

【注释】开启医学法则，创立临证纲鉴，是天地自然本性的意旨。拯救民间疾苦，帮助百姓大众，正是品德高尚医生的心愿。

上联：诚为循吏魂系桑梓一官归去庭院草树丰茂

下联：信是良医心在生民二著流传祠堂俎豆馨香

（楹联：南阳教育工作者顾清波撰，南阳市书协副主席史焕泉书）

【注释】张仲景确实是一个好官，魂牵梦系故乡，辞官归来心系家乡百姓，回到南阳医圣祠庭院，专心研究医学，万物充满了生机。张仲景实在是一个好医生，心里想的全是生灵与黎民。《伤寒论》《金匮要略》流传于世，医圣祠至今祭品香浓，香火旺盛。

上联：勤求博采忍见苍生横天蒙水火

下联：妙识知源普造黎民元畅启阴阳

（楹联：中医文化学者袁延坤撰，书法家一庸书）

【注释】医圣张仲景不忍见天下百姓因伤寒诸疾蒙水火煎熬，而立志著书，勤求博采，著成《伤寒杂病论》。其高妙的理论，探究了疾病的真正源头，是阴阳失衡，故只有平衡阴阳，启畅五脏始可以救民于生死，自此天下之医有道可循之也！

2）匾额

医圣祠拜殿悬挂多个传统匾额，有"万世医宗""福庇沉疴"以及国医大师程莘农题写的"中医祖庭"、国医大师唐祖宣题写的"抗疫始祖"。

（2）墓亭

拜殿和墓亭前后攀连，结为一体，花墙环绕。墓亭冠以重檐歇山式挑檐高亭，整座建筑物造型富丽堂皇，在等级上仅次于重檐庑殿顶，凉亭盖顶。每年的农历正月十八张仲景诞辰，很多百姓自发来到仲景墓前，朝拜医圣，祈福健康平安，吉祥如意。

（3）医圣墓

墓碑是清顺治十三年（1656 年）时任南阳府丞张三异重修医圣祠所立，碑文为"东汉长沙太守医圣张仲景先生之墓"。

仲景墓为方形仿汉代砖石结构墓冢，整体高 5 米，周长 10 米。正方形大理石墓基由汉青砖砌成，墓基呈俯斗形和阶梯状，共 22 层，长 3.5 米，宽 2.8 米，高 0.85 米。墓四角各嵌入一青石雕羊头。在古代，"羊"和"祥"同音同意，寓意"吉祥如意，国泰民安"，所以前来医圣祠拜谒者，都要抚摸"羊头"以祈求健康平安。墓顶莲花台座长 0.55 米、宽 0.55 米、高 0.45 米，象征着张仲景出淤泥而不染的高尚的医德医风。

12 过殿

过殿前面的这副对联是对医圣张仲景一生非常高的评价。上联是"辨六经辨八纲心小胆大",下联是"反权豪反名利智圆行方"。对联的大意是,张仲景辨六经证候、辨八纲证候,诊断谨慎而治疗果断;张仲景反权贵豪门、反功名利禄,智识通达且行为方正。上联是讲医生的从医之道,心细但是胆子一定要大。而下联最后四个字"智圆行方",讲的就是做人及为官之理,遇到事情想得要周到,但是行为一定要端正。

过殿门楣上悬挂有"心涵胞与"匾额。过殿内还有"饺子始祖"匾额,由国医大师张磊题写;"琴祖"匾额,由文化学者张兼维题写。

　　过殿内正上方的匾额是著名作家、文学家姚雪垠先生所题写的"千古医圣，功著人寰"。

13　明清国宝建筑，四合院龙凤呈祥

（1）大殿

穿过过殿，来到一宽阔庭院，即为医圣祠单檐硬山顶式明清建筑四合院，有大殿和东、西偏殿。大殿两侧悬挂楹联。

上联：善德善心善行尤缘善医至善

下联：名山名水名胜更因名人而名

（大殿楹联：任毅撰，南阳文化教育工作者贺国均书）

【注释】上联是说，以张仲景为代表的历代大医们，他们为中华民族繁衍生息保驾护航，很好地体现了中华民族道德追求的高尚境界。下联是讲南阳有名山名水名胜，因为有了像张仲景、张衡、诸葛亮、范蠡这样的圣贤而更加出名。

  大殿中间是医圣张仲景塑像，东、西侧分列晋代名医王叔和、唐代名医孙思邈的塑像。张仲景塑像为镏金坐像，神态平和。他左手握着一本摊开的书，似乎是看了一眼之后，正抬起头来思索着什么……东侧为王叔和塑像，他是晋代著名的医学家，对张仲景《伤寒杂病论》的流传起到了承上启下、继往开来的作用。经过连年的战争，许多书简包括《伤寒杂病论》散落残缺。作为太医令的王叔和深知这部医学论著的伟大价值，四处搜集仲景旧论，到各地寻找该书的原本，精心加以整理和修复，将《伤寒杂病论》析为《伤寒论》与《金匮要略》，使之得以保存下来。金代成无己称："仲景《伤寒论》得显用于世，而不堕于地者，叔和之力也。"王叔和在吸收了张仲景、扁鹊、华佗等人的脉诊理论学说的基础上，还完成了我国第一部完整而系统的脉学专著——《脉经》。西侧为孙思邈塑像，他在整理和研究张仲景《伤寒杂病论》后，将伤寒归为十二论，伤寒禁忌十五条，为后世研究《伤寒杂病论》提供了可循的门径，尤其对广义的伤寒增加了更具体的内容。孙思邈创立了从方、证、治三方面研究《伤寒杂病论》的方法，开后世以方类证的先河。以学识渊源的王叔和、孙思邈二人配祠医圣张仲景，真是相得益彰。

大殿东、西两面的墙壁上，竖行楷体，书写《伤寒杂病论》方剂。那不仅仅是一剂一剂的方子，更是张仲景毕生的心血，庇佑着斯时，也润泽着当世。

（2）西偏殿

西偏殿门两侧有一副对联。

上联：六经既出无他论

下联：三代以下唯斯人

（楹联：中医文化学者袁延坤撰，南阳书法家协会副主席刘奇书）

【注释】张仲景的《伤寒杂病论》是中医药学最核心的经典，其他论著都不需要再关注。《伤寒杂病论》研究好了，就可以成为一代名医，三代以下，在中医界没有第二人了。

西偏殿陈列了《伤寒杂病论》的各种版本。有宋本《伤寒论》和《金匮要略》，是当代中医学界学习、研究最广泛的版本。有长沙古本《伤寒杂病论》、桂林古本《伤寒杂病论》、涪陵本《伤寒杂病论》和白云阁本《伤寒杂病论》。还有日本的康平本《伤寒论》，这是北宋时期传入日本的版本，被奉为日本汉方医的最高经典。医圣祠还收藏有美国总统保健医生赠送的英文版《伤寒论》。

张仲景的《伤寒杂病论》，奠定了中医学理论体系和临床体系。东汉之后，逐渐形成了中医的各种流派，其中传承、研究仲景学说的"伤寒学派"，一直是中医学界最大的流派。从晋代王叔和开始，研究张仲景的著作，一直是中医界最重要的事情。

西偏殿也设置了伤寒学派的展览，展出了后世医家研究仲景学说的各种典籍。宋金时期，研究《伤寒杂病论》的中医学家越来越多，有庞安时、成无己、许叔微、朱肱等，其中金代成无己是第一个全注《伤寒杂病论》的医家，推动了伤寒学派的形成和发展。至明清时期，伤寒学派日渐成熟，硕果累累，代表人物有方有执、喻昌等。历代伤寒学家的整理、注解、完善、研究，扩大了张仲景《伤寒杂病论》的应用范围，推动了中医临床的发展，确立了中医辨证论治理论体系，同时也确立了东方医学的文化特色。

中华人民共和国成立后，《伤寒杂病论》的研究进入鼎盛时期，有了空前的发展，《伤寒杂病论》成为中医院校基础课和必修科目，造就了大批伤寒学派的学者，出版《伤寒论》《金匮要略》研究的书籍有数千种之多。随着时代的进步，医圣张仲景的影响也越来越深远。

（3）东偏殿

东偏殿陈列着医圣祠的三件国宝级文物：一是东汉针灸陶人，二是白云阁藏本木刻版《伤寒杂病论》，三是晋"咸和五年"张仲景墓碑。

东偏殿两侧的楹联：

上联：龙柏九曲鉴圣意

下联：凌霄万朵仰祖庭

（楹联：文化学者张兼维撰，南阳书法家方玉杰书）

【注释】龙柏见证着仲景精神，见证着仲景文化，是中华大地上仲景的象征。凌霄万朵代表万民敬仰仲景精神，敬仰中医祖庭。

（4）四百年凌霄与千年龙柏

1）四百年凌霄

扫码看讲解

　　四合院内有一古树，虬枝劲干，挺拔而上，高逾十米，颇有苍龙出海之势。古树上有枯褐色的凌霄藤蔓缠绕攀缘，直达树顶。虽有枯意，根茎部却生意盎然，有绿叶苍翠傲冬。凌霄生命力非常顽强，每年开三次花，花色橙红居多，花大色艳，引游人仰望观瞻，成为一处风景。不仅如此，凌霄的花、根、茎等都能药用入方，可以活血散瘀，解毒消肿。

　　凌霄花是紫葳科凌霄属攀缘藤本植物，分布于我国中部，性喜温暖湿润、有阳光的环境，稍耐阴。借气生根攀缘他物向上生长，羽状复叶，小叶卵形，边缘有锯齿，花鲜红色，花冠漏斗形，结蒴果，喜欢排水良好的土壤，较耐水湿，并有一定的耐盐碱能力。

　　凌霄早在春秋时期的《诗经》里就有记载，当时人们称之为陵苕，"苕之华，芸其贵矣"说的就是凌霄。凌霄，初名紫葳，始载于现存最早的中药学著作《神农本草经》。至《唐本草》始名"凌霄花"，该书在"紫葳"项下曰："此即凌霄花也，及茎、叶具用。"在宋代的《本草图经》中亦名紫葳，曰："紫葳，凌霄花也……

初作藤蔓生，依大木，岁久延引至巅而有花。其花黄赤，夏中乃盛。"李时珍《本草纲目》曰："俗谓赤艳曰紫葳葳，此花赤艳，故名；附木而上，高数丈，故曰凌霄。"一个美好的名字，便足以描摹出其三秋风华，尽态极妍。

传说，明代一南阳府台是个孝子，其母有病，久治不愈。一晚，梦中有老先生给他开了个药方，老太太服药后病就好了。府台再次梦到老先生时，询问其住处，答曰："仁济桥，九阶踏，一柏一步凌霄花。"原来，梦中的老先生即医圣张仲景。

2）千年龙柏

在离凌霄花不远处，有一株高十几米的古柏。古柏大部分已枯死，唯有东南方向垂下几根青翠的枝条。民国初年，石友三驻兵医圣祠，士兵做饭不慎失火，将古柏烧死半边。大约两三年之后，此柏树靠近房屋的一侧又复活了，但只有中段七八根枝条存活，可谓枯木逢春。至今，这棵神奇的柏树依然顽强地生长着，成为一道奇观。

（5）悬壶济世宝葫芦

"药葫芦"乃中医之代表、中药之象征，自古就有药到病除之寓意，更有健康、长寿甚至驱灾难、避凶险之传说。医圣祠"药葫芦"雕塑，常年以涓涓细流滋润万民安康，济世泽民。

14　中国传统医德优秀文化长廊

医德，即医务人员的职业道德，医德是伴随着医学的形成、发展而产生和发展的。

张仲景以战国名医扁鹊为榜样，主张继承发扬古代医学家德高艺精的优良传统。张仲景除了具备精湛的医术外，还有高尚的医德医风，以济世救人、普同一等、仁爱为怀为准则。他的医德对后世医德的发展有着积极的影响。

张仲景在《伤寒杂病论》序中说："余每览越人入虢之诊，望齐侯之色，未尝不慨然叹其才秀也。""越人"即秦越人扁鹊，他制定了医家"骄恣不论于理""信巫不信医"等六不治准则，并提出"人之所病，疾病多；而医之所病，病道少"的技术要求。在"举世昏迷"的社会里，张仲景"感往昔之沦丧，伤横夭之莫救"，彰显着仁术济世的主张。"上以疗君亲之疾，下以救贫贱之厄"，对于病人，他一视同仁。从传说中可以看出，他给皇帝和达官贵人看病，也给冻坏耳朵的穷苦百姓治病。他看病态度认真负责，一丝不苟，力求保证医疗质量，反对"相对斯须，便处汤药"的草率态度。

　　张仲景具有淡泊名利、廉洁正直的医德品质。他批判那些"但竞逐荣势，企踵权豪，孜孜汲汲，惟名利是务"的势利之徒。在他眼中，"医相无二"，医国与活人一样重要。张仲景在《金匮要略·脏腑经络先后病脉症第一》中讲病因时，曾把"养慎"即小心谨慎地保养身体和"无犯王法"作为防病健身的重要手段之一。"无犯王法"是对患者的要求，也是对医生的要求，医务工作者要带头遵纪守法。

　　中医讲究传承。张仲景勤求古训，博采众方，业务上进步很快。早年间，他跟随同乡名医张伯祖学医，伯祖要求他两年内将几十本医书全部读完。为专心读书，张仲景闭门谢客，把自己关在屋内，让人将门窗堵死，只留下一个递饭送水的小洞。就这样，他读完了《难经》《黄帝内经》《胎胪药录》等医学名著，并背熟了数百条汤头歌。张仲景在内科医技已相当有名的情况下，听说襄阳有一位王姓外科医生治疗疮痈有绝招，人称"王神仙"，他便背上行囊，跋涉数百里，前往拜师。恭敬的态度，恳切的言辞，令"王神仙"疑虑尽消，倾心教授。张仲景也曾为弄清断肠草的毒性，细品毒草，几乎死去。张仲景精研攻学，后来医者赞曰："仲景之术精于伯祖，起病之验，虽鬼神莫能知之，真一世神医也。"

张仲景为人谦虚谨慎，提倡终身坚持学习。他在《伤寒杂病论》序中说："孔子曰：生而知之者上，学则亚之。多闻博识，知之次也。余宿尚方术，请事斯语。"张仲景引用孔子语录，在于说明自己不是天才，只能靠刻苦学习来获得知识。他特别表明自己从青少年时期就热爱医学，请允许他扎扎实实地按照孔子的话去做，因为医学没有止境，必须终身坚持学习，活到老，学到老。

15　弘圣斋

　　弘圣斋，"弘"字本义是指光大、扩充的意思。"圣"字是指圣洁，高尚，才华出众、正大光明、高风亮节等含义。弘圣寓意为顽强进取，博学多识，发扬光大医圣精神，弘扬仲景文化。

16 行方斋

　　行方斋，取行欲方之意。行方是指诊疗过程要有规矩、有法度、有原则。医圣祠的行方斋中有张仲景当年任长沙太守期间，坐堂行医为百姓诊病的塑像。

17 智圆斋

　　智圆斋，取智欲圆之意。智圆是指思维方式要圆通，要融通，要变通。智圆斋中举办了中医大师张赞臣为医圣祠捐的医用文物展览。这里展出的是张赞臣先生捐赠的部分医用文物和一些医史资料的复印件。

　　此展厅位于芍药园西侧，展出面积40平方米，展出形式以实物、文字、图片为主。张赞臣先生，1904年出生，江苏武进人。1926年与上海中医界同仁创办上海医界春秋社，任执行主席。该社是中医近代史上影响深远的学术团体。1927年任《医界春秋》月刊主编，该刊是中华人民共和国成立前我国影响力很大的中医刊物。1992年，张赞臣先生向南阳医圣祠无偿捐赠一批珍贵医籍、文献资料和医药文物，为张仲景事业做出了应有的贡献，1993年在上海逝世。

　　张赞臣把毕生精力都献给了中医事业。他以弘扬中医为己任，直至晚年都勤于著述，为中医的继承和发展做出了突出贡献。在重建医圣祠时，张赞臣先生出资又出力，捐赠品中有他当年行医时的医疗器具等。

18　广济馆

广济馆，取广济天下、利益众生之意。

19　仁术馆

　　仁术馆，取医乃仁术之意。仁术是说医生应当富有对病人的关怀、爱护、同情之心，如此，才会成为道德高尚的良医。

20 尚圣馆

尚圣馆，尚指高尚、智慧、敬重、尊崇。圣指神圣、圣洁、圣地、圣明。尚圣馆寓意弘扬仲景精神，鼓励医药卫生工作者继承仲景之医术成就。

21　西苑

（1）荷花池

医圣祠西苑，有一荷
花池，池中建湖心亭，与
医圣桥相接，亭边筑有蓬
莱阁。池中植有睡莲，花
开季节，睡莲绽放，清幽
静雅。

（2）蓬莱阁

蓬莱阁，位于荷花池中，湖心亭边，叠石为山。

（3）医圣井

医圣井，是医圣张仲景当年用水之井，修竹掩映，池水相邻，白色围栏，古朴井台，探头井内，倒影立现。明末冯应鳌重修医圣祠时发现了这口井，且在井附近掘出"汉长沙太守医圣张仲景墓"碑。因紧邻温凉河，医圣井水冬暖夏凉，水质清澈可口。在老百姓心中，这口井更是不同于普通的井，此井水浇灌种植出的蔬菜瓜果特别水灵，特别好吃，蒸煮炮制的药物疗效更加灵验。

这些说法，是百姓出于对医圣人格和医圣文化的崇敬而特意赋予井水的一种神圣色彩。愿望如此美好，让医圣井这个独特文化符号的意义也变得更加生动丰盈起来，让医圣祠内的一屋一物都充满了灵性。

叁

馆藏·国宝档案

　　医圣祠收藏的文物藏品有石器、陶器、铜器、铁器、工艺品、书画、古籍文献等。收藏有关张仲景《伤寒杂病论》各种版本、历代医家注释刻本及医学古籍和现代文献达1万余册，并拥有中国历代名医石刻画像最多、最全的碑廊，其历史文化价值，中国中医药文化遗产的神圣性、唯一性，使医圣祠成为一座珍贵的中医文史资料库、医学文化的档案馆。现保存的文物、建筑等，具有一定的价值。医圣祠有"三宝"，即东汉针灸陶人、白云阁藏本木刻版《伤寒杂病论》、晋"咸和五年"张仲景墓碑。

　　此外，国家领导人及专家学者书画题词、匾额楹联、线装古文献医籍等都具有较高的文物价值。

扫码看讲解

1 东汉针灸陶人

　　1982 年，医圣祠出土了东汉针灸陶人。陶人为女体，身高 24 厘米，胸宽 7 厘米，造型质朴，浑身遍布排列成行的针灸穴位，堪称稀世珍宝。早期中医认识穴位主要依靠书籍和图本，但由于没有直观的形象作为参考，极易出现差错，人体经络模型遂应运而生。北宋针灸铜人比西方解剖医学早了近 800 年，而东汉针灸陶人比北宋针灸铜人又早了将近 1000 年，它是我国较早的人体经络模型之一。东汉针灸陶人为研究我国医学史及针灸学史提供了珍贵的实物资料，具有极高的学术价值和文物价值。东汉针灸陶人与北宋针灸铜人遥相呼应，都是名副其实的国宝。东汉针灸陶人曾作为"中原百件国宝文物"之一，在国家博物馆展出，其复制品目前在中国历史博物馆展出。此外，由于其具备极高的艺术价值，东汉针灸陶人还被编入了《中国美术全集》。

2　白云阁藏本木刻版《伤寒杂病论》

　　张仲景所撰写的传世名著《伤寒杂病论》，被称为"方书之祖"，深受历代医家推崇。1800 多年前，医圣张仲景撰《伤寒杂病论》，历代传抄，共 13 个版本，白云阁藏本木刻版《伤寒杂病论》是第十二稿，属于晚期版本，比宋本《伤寒论》《金匮要略》多载方 88 首，其内容应该比早期版本更完善。据传，此木刻版本为张仲景第四十六世孙张绍祖于清同治三年（1864 年）传于桂林名医左盛德。左盛德珍藏 30 多年，于光绪二十四年（1898 年）传于门人桂林罗哲初。罗哲初又珍藏 30 多年。中华民国二十三年（1934 年），陕西长安名医黄竹斋到宁波天一阁寻访仲景佚书，得知罗哲初家藏有仲景《伤寒杂病论》第十二稿。1935 年，黄竹斋依据罗哲初的手抄本抄得白云阁藏本《伤寒杂病论》，而后于 1939 年筹资镌刻木刻书版。

　　1960 年，黄竹斋临终之时嘱托高徒米伯让："你一定要亲自把它送到南阳医圣祠保存，以备后来者研究。"米伯让将恩师的遗嘱铭刻在心，须臾不忘。1964 年，米伯让亲自赶到南阳拜谒医圣祠，并进行实地考察。1981 年 12 月，米伯让被聘任为南阳张仲景研究会名誉会长，并应邀参加南阳张仲景研究会成立大会。他亲自护送 280 块白云阁藏本《伤寒杂病论》木刻版原版两箱及黄竹斋所撰《医事丛刊》木刻版一箱至南阳医圣祠珍藏，供全国医界同仁学习研究。至此，白云阁藏本《伤寒杂病论》在民间蛰伏 1800 多年，历经几多医学名家之手，最终回归中医祖庭医圣祠。祠内所收藏的白云阁藏本木刻版《伤寒杂病论》，是经过张仲景反复修订之后留下的，既是孤本，也是绝本。

3 晋"咸和五年"张仲景墓碑

医圣祠东偏殿陈列着一件宝物：东晋医圣张仲景墓碑。墓碑古朴厚重，圆额，长方底座，楷书阴刻"汉长沙太守医圣张仲景墓"；碑文雄伟潇洒，字体遒逸，线条流畅细腻；边刻双线勾勒卷草纹，碑额刻有莲花盖、莲花托，碑阴无字，碑的下部有莲花座。

20世纪80年代，医圣祠进行修葺整理时，工作人员发现碑座刻有"咸和五年"字样。经考古专家鉴定，该碑为晋代碑刻。"咸和"为东晋成帝年号，咸和五年即330年。最终，该碑被评定为国家二级文物。据《南阳县志》记载："汉长沙太守张机墓，在延曦门东迤二里，仁济桥西北……"民国时期，中医大家黄竹斋拜谒医圣张仲景祠墓，实地考察，拓碑拍照，撰写《拜谒南阳医圣张仲景祠墓记》，并将"汉长沙太守医圣张仲景墓"碑石拓页带往上海。他评价该碑"字体遒逸，类晋人书。祠中诸碑，古而可宝者，当以此为最"。

这通晋碑立于 330 年，距张仲景卒年只有 100 多年。历经 1600 多年，该碑能够完好地保存下来，实属不易。它解决了张仲景其人、其墓、汉长沙太守之职等延续千载的学术疑惑和争论，具有重要的文物价值、学术价值、历史价值。

4 其他

雍正丁未年间医圣祠门额

白云阁藏本《伤寒杂病论》（民国刻本）

金代医学家成无己注《注解伤寒论》（清代刻本）

1959 年 12 月，郭沫若亲题门额"医圣祠"

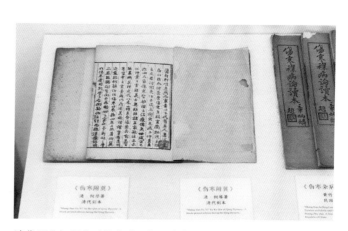

清代医家柯琴著《伤寒附翼》（清代刻本）

清代医家徐彬著《张仲景金匮要略论注》（清代刻本）

清代医家尤在泾著《伤寒贯珠集》（清代刻本）

民国医学家黄竹斋著《伤寒杂病论读本》（民国刻本）

民国医学家黄竹斋著《伤寒杂病论会通》（民国刻本）

率真书斋影印《宋本伤寒杂病论》（上、下册）和《宋本金匮要略》

清代医家陈修园、唐宗海著《伤寒论浅注补正》和《金匮要略浅注补正》

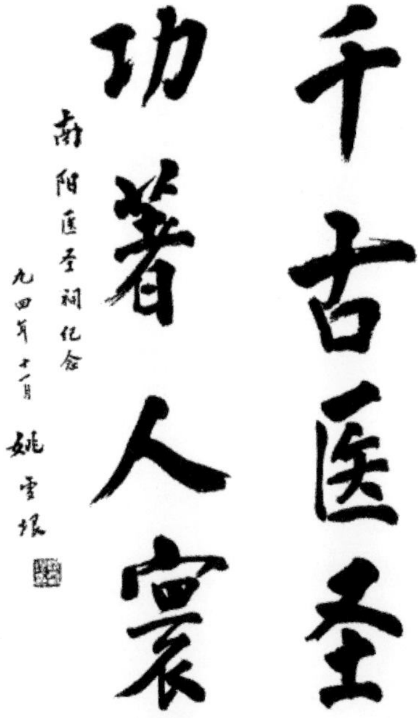

千古医圣 功著人寰

南阳医圣祠纪念
九四年十一月
姚雪垠

姚雪垠为医圣祠题词

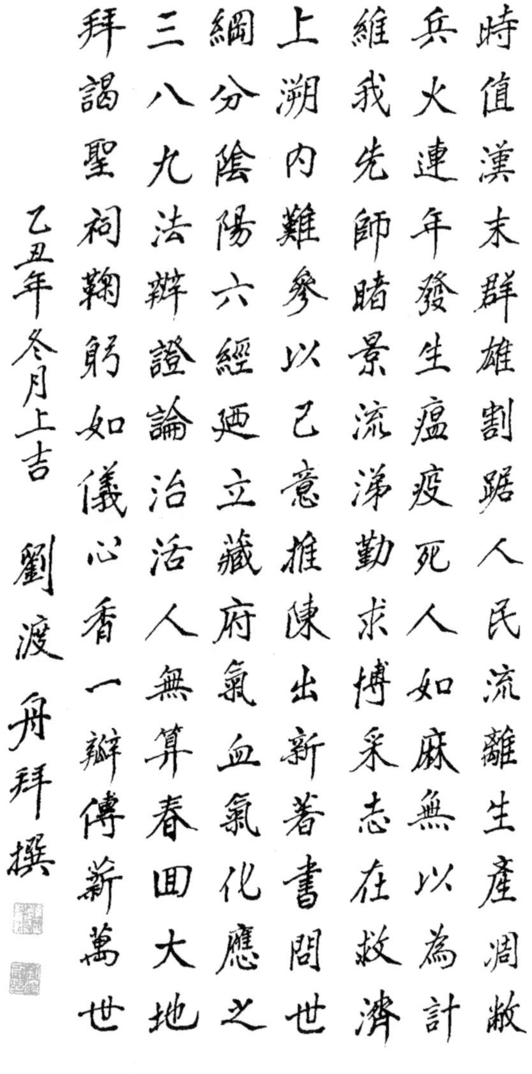

時值漢末群雄割踞人民流離生產凋敝
兵火連年發生瘟疫死人如麻無以為計
維我先師睹景流涕勤求博採志在救濟
上溯內難參以己意推陳出新著書問世
綱分陰陽六經廼立藏府氣血氣化應之
三八九法辯證論治活人無算春回大地
拜謁聖祠鞠躬如儀心香一瓣傳薪萬世
乙丑年冬月上吉 劉渡舟拜撰

国医大师刘渡舟为医圣祠题词

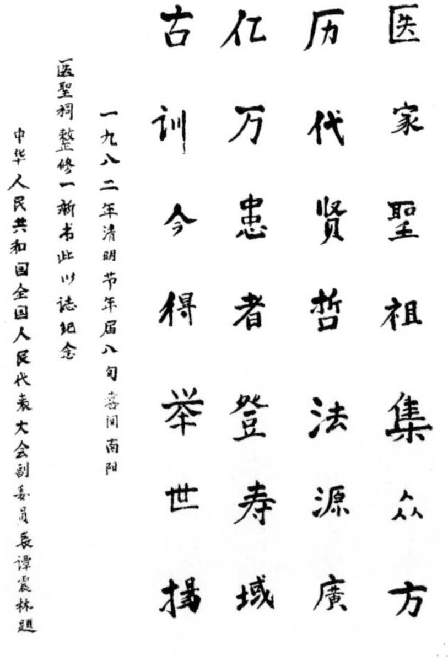

医家聖祖集眾方
歷代賢哲法源廣
亿万患者登寿域
古训今得举世扬

医聖祠整修一新书此以誌紀念
一九八二年清明节年届八旬 蓉间南阳
中华人民共和国全国人民代表大会副委员长谭震林题

谭震林为医圣祠题词

国医大师邓铁涛为医圣祠题词　　国医大师单士元等为医圣祠题词

国医大师董建华为医圣祠题词　　国医大师任应秋为医圣祠题词

肆

碑刻·时光雕琢

　　医圣祠是祖国传统中医药发展的晴雨表。历史反复证明，医圣祠的荣辱与发展，关乎中医药事业之发展和中华文明之进步。它从一个侧面记录了人类文明拾级而上的进程，成为当今世界无与伦比的文化现象和文明载体。

　　张仲景墓及祠历来为四方医士聚会探讨医学之地，自古至今起着促进仲景医学思想和传统文化交流与发展的积极作用。医圣祠文物本体是张仲景墓和明清时期的建筑，附属文物主要体现在历史碑刻，它们是医圣祠的文化遗存和历史缩印，见证了医圣祠的荣辱与发展。医圣祠碑刻民国（含中华民国）以前共22通，《汉长沙太守医圣张仲景祠墓碑记》《重建三皇庙记》《长沙太守医圣张仲景灵验碑》《东汉长沙太守医圣张仲景先生之墓》《重建张仲景医圣祠墓记》《无名碑》《万善同归》《继修医圣祠春台亭碑记》《捐资继修春台亭善金清目》《永垂不朽》《金装十代名医神像碑》《万古流芳》《福缘善庆》《永远香火》《医圣祠祀典记碑》《医圣张仲景故里》《重修医圣祠碑记》《无名碑（之二）》《重刊灵应碑序》《重修南阳医圣祠碑记》《功德不朽》《祝告医圣文》；医圣祠碑刻中华人民共和国成立以来的30多通，大都是中医名家、中医药学会和团体而立，间有修建医圣祠的大事记。这些碑刻和张仲景墓及祠收藏的诸多学者、名流赞扬张仲景医学成就的匾额、楹联、题咏、书画等，与文物本体共同组成中医文化遗存和人文景观，展现了张仲景墓及祠的医学文化，体现了文化的历史脉络和多样性，同时对中医文化的传承起到巨大的促进作用。

1　题字碑群

汉长沙太守医圣张仲景墓　晋咸和五年（330 年）
（医圣祠东偏殿内）

万善同归　乾隆三十五年（1770 年）（张仲景塑
像东北方）

永垂不朽　乾隆五十九年（1794 年）（百寿亭西南方）

继修医圣祠春台亭碑记　乾隆五十九年（1794 年）（百寿亭西南方）

捐资继修春台亭善金清目　乾隆五十九年（1794 年）（百寿亭西南方）

万古流芳　道光十七年（1837 年）（张仲景塑像东北方）

福缘善庆　咸丰二年（1852 年）（张仲景塑像东北方）

永远香火　清光绪庚寅（1880 年）孟冬吉旦（张仲景塑像西北方）

东汉长沙太守医圣张仲景先生之墓　清顺治十三年（1656 年）（张仲景墓前）

汉长沙太守医圣张仲景祠墓碑记　顺治丙申年（1656年）（六角碑亭东侧）

医圣张仲景故里　清光绪庚子年（1888 年）（医圣祠大门旁）

重建三皇庙记　嘉靖十五年（1536 年）岁次丙午春三月巳日（张仲景塑像东南）

重修医圣祠碑记　中华民国二十三年（1934 年）三月
（圣医林东南）

重刊灵应碑序　中华民国二十九年（1940 年）三月（张
仲景塑像东南方）

重修南阳医圣祠碑记　中华民国二十九年（1940 年）
十月（张仲景塑像东南方）

无名碑　中华民国二十五年(1936 年)(西长廊东南方)

祝告医圣文　中华民国三十六年（1947 年）（西长廊
东南方）

中医中药来之民间，用科学方法加以研究提高，再用
之民间，为人类造福。
习仲勋（1985 年 6 月 20 日）

希望广大中医科技工作者为我国中医事业的发展，为
人民的健康，做出新贡献。
李先念（1985 年 1 月 16 日）

发扬中医，增强体格。
朱学范

发扬祖国医学，为人民造福。
周谷城（1985 年 1 月）

继承和发掘我国中医中药宝贵遗产，吸收和利用现代
科学的成果和方法，使之更加发扬光大。
宋任穷（1985 年 2 月）

漫云学道肱三折，不遇知音尾半焦。
赵朴初

"中医祖庭"照壁，高2.5米，长3.8米，重达10吨，为医圣祠众碑之首，乃是"中医第一碑"。其敬立的目的在于"培中医之根，铸中医之魂"。

路志正

中国中医科学院

100字的《医圣颂》，包含了五千年中医文化和仲景精神的传承。作为张仲景医药节的开幕和祭拜礼乐，《医圣颂》已经成为仲景文化的一个符号。

《医圣颂》

《祭仲景文》碑

医圣德业碑

秦老伯未嘱书碑

医圣祠题颂

医圣功德铭

医圣仲景南阳论坛立坛开讲纪念碑

薪火传承碑

中医微创针法铭

扫码看讲解

2　仲景娇耳雕塑群

张仲景生活在动荡不安的东汉末年，由于连年混战，田庄荒芜，老百姓颠沛流离。64岁的张仲景从长沙告老还乡，时年冬季，他走到家乡白河岸边，见很多穷苦百姓忍饥受寒，耳朵都冻烂了。他心里非常难受，决心救治家乡老百姓。他让弟子在南阳东关的一块空地上搭起医棚，架起大锅，在冬至那天，煮起"祛寒娇耳汤"，免费向穷人施药治伤。

"祛寒娇耳汤"是总结汉代300多年临床实践经验而制成的。其做法是用羊肉和一些祛寒药材在锅里熬煮，煮好后再把这些东西捞出来切碎，用面皮包成耳朵状的"娇耳"，下锅煮熟后分给求药的病人。每人两只娇耳、一碗汤。人们吃了"祛寒娇耳汤"后浑身发热，血液通畅，两耳变暖。"祛寒娇耳汤"，不仅帮人们抵御了伤寒，还治好了冻耳。

张仲景此次施药一直持续到当年的大年三十。人们为了庆祝烂耳康复，就仿娇耳的样子做食物，称为"饺耳""饺子"或"扁食"，在每年冬至和大年初一食用，以纪念张仲景开棚施药和治愈病人济世救人之举，不忘张仲景"祛寒娇耳汤"之恩。

仲景娇耳雕塑作品的艺术创作源于医圣张仲景发明的"祛寒娇耳汤"。该作品创意新颖，设计精美，具有特殊的纪念意义和医学人文价值，现已经成为医圣祠的雕塑作品十大景观之一。该作品由著名文化学者、书法家张兼维设计，由全国著名青年微雕大师王春会雕刻。雕塑材质系南阳独山玉与汉白玉，娇耳雕塑群由三部分组成：第一部分就是主体部分，雕刻的是巨型汉白玉娇耳，重达 650 千克，娇耳栩栩如生，晶莹剔透，仿如真实的饺子，柱体上刻有新创作的《仲景娇耳赋》诗词书法。第二部分是独山玉玉盘，盘中摆放着 28 个小娇耳。第三部分是仲景娇耳雕塑群名称。整个雕塑群错落有致地竖立在医圣祠春台亭之下，创造了世界第一的饺子艺术作品，与医圣祠浑然一体。

《仲景娇耳赋》是张兼维先生创作的歌赋，全文共分 5 个章节，565 字，全面系统地介绍了医圣张仲景发明娇耳的由来和中华美食饺子的民俗文化，以及创办"仲景娇耳节"的意义。

《仲景娇耳赋》曰："仲景先师，昔为长沙太守，辞官归乡，时值隆冬，百姓饥寒，耳朵冻伤。先师恻隐，于南阳城东，搭棚置釜，羊肉辣椒合与药材，煮以成馅，包裹面皮，捏作耳状，为民疗疾，始有娇耳。"《仲景娇耳赋》既是仲景文学作品，亦是书法精品，成为医圣祠又一集仲景文化与雕刻艺术、书法艺术于一体的优秀作品。

伍

典故·仲景传说

1　仲景"三根汤"的由来

相传，东汉桓帝时的一年春天，宛城一带，疫病盛行，千村哭泣，万人惊恐，来求张仲景看病的人更是从早到晚络绎不绝。

这一天，天刚蒙蒙亮，春陵的刘员外就派人请张仲景到其家中为孩子诊病了。

刘员外家离张仲景行医处有十多里路，一路上，张仲景看到田野、沟旁新坟不断，还有拉灵、抬灵、送灵的人们，一行行、一伙伙正在路上行走着，哭声撕人心肝。看到此情此景，听到这悲痛的哭声，张仲景不由得加快了脚步，他准备早去早回。

张仲景到刘员外家时已近中午。给孩子诊断后，他已经心中有数，这小孩是患了麻疹，由于前期用药不当，疹子不能出于肤表，多日耽误，才出现了眼下如此急症。

张仲景沉思片刻，开了方子，交代了药的煎煮方法、服法以及护理方法，就急忙返回家中了。

张仲景回到家里已是申时，他顾不上休息就给病人看起病来。至深夜，他送走最后一位病人后，又在昏暗的烛光下翻看医书，潜心钻研。他决心要找出一个妙方来应对疫病，方子应配伍简单，药物宜取，经济治病，穷富皆宜。通过对病症的分析，张仲景心里有了选药配方的原则。

七天之后，刘员外又把张仲景请到了家中。刘员外夫妇俩满面春风，见了张仲景不停地报告着好消息："孩子吃了先生的药，第二天病情就明显好转，精神好起来了，要吃要喝……"刘员外连声称赞："真乃神医也！"张仲景又是一番望、闻、问、切之后，又开了一个方子，组方很简单，可用来巩固治疗，并再三嘱托刘员外："别看药方简单，坚持服用，定有好处。"妙方真妙，一连服了十五天，孩子的病果真治愈了。全家人十分高兴，逢人便说：张仲景是神医。刘员外夫妇俩设宴，一是庆贺儿子久病康复，二是为酬谢张仲景的救命之恩。面对如此热闹的场面、如此丰盛的筵席，张仲景脑海中却浮现出之前来刘员外家一路上的凄凉惨景，思虑家中那些等待他回去治病的人们，他好像又听到了病人痛苦的呻吟声。开筵不久，张仲景便向众人道："失陪，失陪……"张仲景要走了，刘员外非要送张仲景礼物不可，张仲景拒绝，并说："医病救人，乃我本分之责，何取他人之物也？"临走前，张仲景又对刘员外夫妇做了一番交代。

宴请后的第二天，刘员外便派人去东河边挖野苇根、西沟边刨茅根、南坡剜蒲公英根，策人去街上买黑糖为引、去宛市中心垒灶，当晚又亲自起草一份施药汤的告示，详述药汤疗效、治病范围、何人配方、为何施汤。还告诉众人每人都可以免费前来喝汤，防病治病，铲除病端，并说此汤名为"三根汤"。人们见了告示，纷纷前来喝汤。如是多天，在宛城、白水一带盛行多日的疫病慢慢减少了发病，最终消除了。人们都说这汤真奇真好。

原来，张仲景在赴宴临走前，交代刘员外，如果要感谢他，就熬三根汤施给乡亲治病，这是对他救子之恩的最好报答。因这汤是张仲景配方并传授于人的，人们就把这用野苇根、茅根、蒲公英根熬制的汤叫"三根汤"，也叫仲景汤，用黑糖为引来治疗小儿麻疹等病症，一代传一代，一直传到现在。

2 "堂"的来历

张仲景任长沙太守期间，正值疫疠流行，许多贫苦百姓慕名前来求医。他对前来求医者总是热情接待，细心诊治，从不拒绝。开始，他是在处理完公务之后，在后堂或自己家中给人治病。后来由于前来治病者越来越多，他应接不暇，干脆把诊所搬到了衙门大堂，公开坐堂应诊，开创了名医坐大堂的先例。他的这一举动，被传为千古佳话。

后来，人们为了纪念张仲景，便把坐在药店内治病的医生通称为"坐堂医"。这些医生也把自己开设的药店取名为"××堂药店"，这就是中医药店称"堂"的来历。

3 巧"治"府台

东汉年间，南阳有个府台，干了很多坏事，人们气恨他，巴不得找个出气的机会。

这年，府台的女儿病了，一连几个月，遍求名医，也治不好病。这天，府台派家人去请张仲景来给女儿看病。那阵子，伤寒病正流行，张仲景每天早出晚归，到乡下给老百姓医病，只有儿子在家。他们就把张仲景的儿子请了去。

张仲景的儿子常年随他学医，也是个知名的郎中。他来到府衙，询问小姐的病情，府台夫人没张嘴，泪就先落下来："哎呀！她面黄肌瘦，茶饭不进，还不停地呕吐啊！"说着便叫女儿来诊脉。

那时候，年轻郎中给女子看病是不能见面的。需要从帘帷中牵出一根红线，一头拴在小姐的中指上，另一头让张仲景的儿子拉着，放在耳朵边静听。他仔细听了好久，不由得笑了："哈哈！就这病竟没人看得出吗？"

原来府台的女儿是怀孕啦！可张仲景的儿子并不知道"病人"是个还没出阁的姑娘，

就高声朝着府台说："恭喜大人！小姐没有啥病呀，她是喜脉！您快要当姥爷了！"

府台一听气得浑身乱颤，嚎叫道："混账东西！纯是一派胡言，快把他赶出去！"家人一拥而上，把张仲景的儿子痛打一顿，赶出了府门。

晚上，张仲景回来听了，十分气愤，问儿子："你果是看得真？"

儿子说："确确实实是怀孕，已经六七个月了！"

张仲景沉吟了一下，说："这个府台，干尽了坏事，明天找他去！"

第二天，张仲景带着礼品，来到府衙，正赶上全城绅士和名流在那里议事。张仲景见府台施一礼，说："不肖之子医理不明，口出不逊之言，望大人海涵！今天，一来赔礼道歉，二来我要亲自给令爱诊脉医病！"

府台一听大喜，忙说："贱女区区小恙，何劳先生大驾呀！"说着就要设宴款待。

张仲景说："还是先给令爱诊病要紧。"府台忙叫佣人把女儿请出来。

张仲景观那女子气色，早已明白了几分。他暗用右手小指指甲剜了一点药，藏在宽大的袖中，然后端坐给小姐诊脉。

张仲景一把脉，果然此女怀孕六七个月了！就对病人说："张开嘴巴，看看舌苔！"小姐刚张开嘴，他就弹动右手小指，把药弹进小姐嘴中，又叫端来开水，让小姐喝了。张仲景这才笑呵呵地对府台说："药到病除，送令爱到耳房观察，一会儿就会好的。"

府台十分感激，摆上酒宴招待。他刚端起酒要敬张仲景，耳房边传来了小姐的呻吟声。府台诧异，张仲景说："这是药力到了，你放心，令爱顷刻就会痊愈的！"

话音未落，只听"哇哇"的婴儿哭声从耳房传来。府台和夫人猛地惊呆了，一时羞得面红耳赤，恨不得钻到地缝里去。那些绅士名流也惊奇地你看看我，我看看你，交头接耳，暗暗发笑。

张仲景拍案而起，哈哈大笑，指着府台说："现已真相大白，你们口口声声说礼义廉耻，干的却是男盗女娼啊！"府台和夫人听了，气得晕了过去。张仲景为百姓们出了气，高高兴兴地回去了。

4　对症下药

张仲景虽在医学方面已有一定名气，但为同行医病时仍十分谦逊，并不失时机地向同行学习。

我国古代，一些郎中只把医术传给自己的子孙，一般不外传。那时候南阳有个名医叫沈槐，已经七十多岁了，还没有子女。他整天惆怅后继无人，饭吃不下，觉睡不着，慢慢忧虑成疾了。

当地的郎中们陆续给沈槐看病，但都无效而归。老先生的病谁也看不好，越来越重了。张仲景知道后，就到沈槐家去。

张仲景察看了沈槐的病情，确诊是忧虑成疾，马上开了一个药方，用五谷杂粮面各一斤，团成药丸，外边涂上朱砂，叫病人一顿食用。

沈槐知道了，心里觉得好笑。他命家人把那五谷杂粮面做成的药丸，挂在屋檐下，逢人就指着这些药丸把张仲景奚落一番。

亲戚来看他时，他笑着说："看！这是张仲景给我开的药方。谁见过五谷杂粮能医病？笑话！笑话！"

朋友来看他时，他笑着说："看！这是张仲景给我开的药方，谁一顿能吃五斤面？滑稽！滑稽！"

同行来看他时，他笑着说："看！这是张仲景给我开的药方。我看几十年病，听都没听说过。嘻嘻！嘻嘻！"

他一心只想着这件事可笑，忧心多虑的事全抛脑后了，不知不觉病就好了。

这时，张仲景来拜访他，说："恭喜先生的病好了！学生斗胆在鲁班门前耍铐了。"沈槐一听恍然大悟，又佩服又惭愧。张仲景接着说："先生，我们做郎中的，就是为了给百姓造福，祛病延年。先生无子女，我们这些年轻人不都是您的子女吗？何愁后继无人？"

沈槐听了，觉得很有道理，内心十分感动。从此，他就把自己的医术全部传授给了张仲景和其他年轻的郎中。

5 "冬至"吃饺子的传说

东汉末年，各地灾害严重，战乱不断。频繁的徭役和沉重的赋税使得广大百姓在极度的贫困中挣扎。

这年冬天，天气异常寒冷，整个南阳城都被大雪覆盖着。辞官归故里的张仲景也异常忙碌。前往仲景坐诊处求医问诊的人络绎不绝，其中很多人都是因为寒冷被冻坏耳朵而来医诊的。

某天，张仲景在南阳城四处一走，在冰天雪地里，看到很多衣不蔽体、面黄肌瘦的老人、孩子沿街乞讨，挑着担子卖东西的小贩们也步履艰难。他们的耳朵、鼻子被冻得几乎没有一个完好的。看到此景，张仲景心里非常难过，他决心尽最大的能力来帮助这些穷苦百姓。

在冬至那天，他很早就起来吩咐弟子在南阳东关的空地里搭起医棚，支上大锅，把准备好的物品拿来，开始熬药，施舍给那些看不起病的百姓。张仲景精通医术，他施的药是"祛寒娇耳汤"。给人们吃的"娇耳"喝的"祛寒汤",不仅能驱寒饱腹,而且药用价值很高。百姓吃后浑身暖和,血液通畅了,两只耳朵也变暖了。吃了一段时间以后,百姓被冻烂的耳朵也好了。

"祛寒娇耳汤"的做法是用羊肉加上一些祛寒的中药(包括一些调味的中药,就是我们现在调味用的桂皮、白芷、大茴、丁香、生姜等,这些药物都有温阳散寒的作用,可以做药用,也可以食用)一起熬煮,煮好以后,羊肉拿出来切碎,然后将和好的面擀成面皮,把肉包在里边。包的这个东西就像耳朵一样,再放到锅里,用原来煮肉的汤再煮。煮好以后,分给耳朵被冻烂的百姓,每个人两只娇耳、一碗汤。

由于入冬以后中原大地天寒地冻,张仲景施药的善举就一直持续到除夕。正月初一,人们开始庆祝新春,也庆祝那些烂耳朵的病人康复,从此,"娇耳"也就成了节日的美食。

张仲景在长沙做官的时候,也经常为当地百姓治病,受到长沙百姓的爱戴。他告老还乡后,长沙的百姓想念他,每年推选几位德高望重的老人,带着乡亲们的心意来看望他。那年,张仲景身患重病,长沙的一位老人对他说:长沙有一穴好地,寿终时可葬在长沙。南阳的百姓哪会愿意?两地相关人员就为这事争吵起来。张仲景说:"我吃过长沙水,不忘长沙父老情;我生于南阳地,不忘家乡养育恩。我死了,你们抬着我的棺材,向长沙方向走,灵绳在哪里断了,就把我葬在哪里。"众人一听,也不再争论了。

张仲景离世那年,长沙来了许多人吊丧,并要把他的尸体运到长沙去。遵照他的遗嘱,南阳和长沙的人抬着棺材上路了,走到当年施"祛寒娇耳汤"的地方,灵绳忽然断了。众百姓忙打墓,下棺,填坟。你一挑,我一担,昼夜不停,把张仲景的坟垒得很大。又在张仲景的坟前修了一座庙,就是现在的医圣祠。

为了纪念张仲景,每年冬至家家户户都包"娇耳"吃,也就是现在的饺子,并说冬至吃了饺子,耳朵就不会冻掉了。

6　襄阳访医

　　张仲景年轻的时候，在医学上就有了名望，但他仍勤奋好学，四处拜访名医，登门求教。

　　这一年，张仲景的一位好友要外出做生意，临行时对他说："我这次要出远门，你给我看看，日后有没有大症候！"张仲景把了把好友的脉，说："明年只怕你要长个搭背疮。"好友惊讶道："哎呀！常听你说，疮怕有名，病怕无名，长个搭背疮，我眼看不见，手摸不着，怎么治呀？"张仲景说："不要怕，我给你开个药单，到时候，服了这服药，把疮挪到屁股的软肉上好了。日后谁识得搭背疮，就叫谁医治。谁给你治好了，要给我来个信。"好友放心地走了。

　　张仲景的好友到湖北做了一年生意。第二年在襄阳，一天他突然觉得脊背上疼痛，忙照张仲景开的药方取药服用。不几日，疮真的从屁股上发了。他求遍襄阳的郎中，这个说是疖子，那个说是毒疮，都不识得。后来，同济药堂有个名医"王神仙"，他看了张仲景好友后笑了笑，说："这原是个搭背疮嘛！是谁把它挪到屁股上啦？""王神仙"当下开了药方。张仲景好友吃了药，又贴了几张膏药，不多久，疮就好了。好友随即给张仲景写了封信。张仲景接到书信，十分高兴，立即准备盘缠，打点好行装，步行奔襄阳而来。

这天一清早，襄阳同济药堂的大门前，站着一位身背行李、手拿雨伞的年轻后生，他向管家央求说："我从南阳来，生活没有着落，请贵店收留我当伙计吧！""王神仙"闻声从药店走出来。他见后生年轻利落，就说："好吧！我这里缺人，就收你当个炮制药材的伙计吧！"

这个后生，就是张仲景。从此，张仲景就在同济药堂住下来了。他聪明好学，药理纯熟，不但熟悉各种中草药的性能，而且炮制药材又快又好，没几天，就被"王神仙"安排至药铺当司药。他既司药，又看病，店里的人有个头疼发热，也来找他诊治，大伙都称赞他是"二先生"！"王神仙"看"二先生"确有两手，就让他做自己的帮手。"王神仙"抚脉看病，他抄药单；"王神仙"遇着疑难病症，自己把了脉再叫他把，便于他明了病之所在，怎样医治。张仲景把这些医理深深地记在心上，并随手记录……就这样，张仲景在同济药堂度过了一年。

某日，一个骑驴的老者匆匆来到药店，说他儿子得了急症，请"王神仙"去诊治。约莫半个时辰，老者拿回个药方，来到药店取药。张仲景见药方内有毒药藤黄，知道病人肚内有虫，这味药是治虫的。但又见藤黄只开了五钱，就迟疑了一下，随后抓了药让老者带走了。不一会儿，"王神仙"回来了。他下了驴，就要到后院歇息。张仲景忙走上前道："先生慢走！病人很快还要来请的！""王神仙"惊奇地道："病人好了，还来做什么？"张仲景说："恕学生直言。藤黄能毒死人体内的虫，但要一两的量才行。先生只开五钱，只能把虫毒昏，等它醒过来，会更凶恶。再用药也不灵了，只怕病人还有性命危险哩！""王神仙"听了，正在半信半疑，忽然那老者着急忙慌地跑来，呼叫道："王先生！不得了啦！我儿疼得死去活来，你快去看看吧！""王神仙"顿时慌了手脚，急得额上直冒冷汗，在店里左转右转不敢去。张仲景看了，笑着上前道："先生，不管是吉是凶，学生冒昧，情愿替先生去一趟！"当下骑着毛驴走了。

到老者家后，只见病人疼得在地上直打滚。张仲景一看就知道是虫在作怪。只见他不慌不忙，掏出三寸银针，让病人脱掉衣服，看准部位，捻动手指，照着虫的头部刺了进去。虫头被刺中，死命地挣扎。只听病人疼得"哎哟"一声，昏了过去。老者一看大惊失色。张仲景却笑着说："别害怕，虫已经被刺死了！"说罢，病人呻吟两声，醒了过来。张仲景又开一服泻药，让病人吃下。顷刻，一根尺把长的虫被排泄出来，病人完全好了。

"王神仙"知道后，又惊又喜，问道："先生，你到底是什么人？"张仲景说："我姓张名机字仲景，到这里拜师学医来了！""王神仙"忙说："哎哟哟，可不敢当！"于是摆宴款待张仲景。后来张仲景回到南阳，两人还相互来往，共研医理。

7　驳斥巫术

　　封建社会，巫术盛行，巫婆和妖道乘势兴起，坑害百姓，骗取钱财。不少贫苦人家有人得病，就请巫婆或妖道降妖捉怪，用符水治病，结果被病魔夺去了生命，落得人财两空。张仲景对这些巫婆、妖道非常痛恨。每次遇到他们装神弄鬼，误人性命，他就出面干预，气愤地和他们争辩，并用医疗实效来驳斥巫术迷信，奉劝人们相信医术。

　　有一次，张仲景遇见一个妇人，一会儿哭一会儿笑，总是疑神疑鬼。病人家属听信巫婆，以为这是"鬼怪缠身"，要请巫婆为她"驱邪"。张仲景观察了病人的气色和病态，又询问了病人的有关情况，然后对病人家属说："她根本不是什么鬼怪缠身，而是'热血入室'，受了较大刺激造成的。她的病完全可以治好。真正的鬼怪是那些可恶的巫婆，她们是'活鬼'，千万不能让她们缠住病人，否则病人会有性命之忧。"在征得病人家属同意后，他研究了治疗方法，为病人扎了几针。几天后，那妇人的病慢慢好起来，疑神疑鬼的症状也消失了。张仲景又为她治疗了一段时间就痊愈了。从此，一些穷人生了病，便不再相信巫婆的鬼话，而是找张仲景治病。张仲景解救了许多穷苦人。

8　不能为良相，亦当为良医

张仲景从小天资聪颖，勤奋好学。他的同族叔父张伯祖是当时南阳一带的名医，经常四处给人治病。有一天，邻村一位农民得了伤寒病，来请张伯祖去看，正巧张仲景在叔父家里，于是张伯祖便带着张仲景一起去诊治。经过用药，患者很快好了。张仲景亲眼看到叔父高超的医术，心里赞叹不已。他十分羡慕地问："叔父的医道这么高明，是怎么学来的？"张伯祖听了，笑笑说："我行医这么多年，也没有什么经验可说，但是悟出一个道理，那就是：要想成为一个好医生，必须勤求古训，博采众方。"张仲景恍然大悟，于是拜张伯祖为师，下功夫钻研医药，精研方术，决心做一个能"上以疗君亲之疾，下以救贫贱之厄，中以保身长全"的好医生。

从那以后，张仲景每天除了在家钻研医书之外，一有机会，就跟着张伯祖外出给人治病，通过实践来验证从书本上学到的医学理论，加深对医学理论的理解，丰富自己的临床经验。这样，不知不觉三年过去了，张伯祖看张仲景这样勤奋好学，心里有说不出的高兴，便把自己所有本事都传授给了他。

十几岁的张仲景拜张伯祖为师，勤奋钻研医术，决心为民除疾的事，很快在南阳郡传开了。一天，张仲景去拜访同郡一位当时在朝的名人何颙，何颙和他交谈以后，发现他的志向十分坚定，非常钦佩地对张仲景说："你这样热爱医学，又聪明勤奋，长大后做官写文章可能不一定会有多大成就，但是，你一定能成为一名好医生。"仲景听了笑着说："进则救世，退则救民，不能为良相，亦当为良医。"

9 "人工呼吸"

传说有一次张仲景外出，见许多人围着一个躺在地上的人叹息，有几个妇女在悲惨地啼哭。他一打听，知道躺在地上的那个人因家里穷得活不下去上吊自杀了，被人们发现救下来时已经不能动弹了。张仲景得知距上吊的时间不太长，便赶紧吩咐其他人把那人放在床板上，拉过棉被为他保暖。同时让两个身强力壮的年轻人蹲在那人的旁边，一面按摩胸部，一面拿起那人的双臂，一起一落地进行活动。张仲景自己则叉开双脚，蹲在床板上，用手掌分别抵住那人的腰部和腹部，随着手臂一起一落，张仲景双掌一松一压。不到半个时辰，那人竟然有了微弱的呼吸。张仲景叮嘱大家不要停止动作，继续做下去。又过了一会儿，那人终于清醒过来。这就是早期的"人工呼吸"。

10   茅山求师

张仲景有一个好友叫宁远。有一天，宁远去张仲景家做客，闲谈间张仲景看了宁远的气色，又为他把脉，说他患了消渴之症，现尚初发，三个月之后，会头痛不眠，尿的次数增加；六个月后，会饥渴难忍，小便浓稠；一年之后，会背生疽疮而死。于是，张仲景开了一个药方给宁远。宁远回家后，认为张仲景故弄玄虚，将药方撕碎扔掉了。六个月后他的病情发展确如张仲景所说，才急忙去找张仲景。但张仲景说，已经晚了，准备后事吧。宁远想：反正六个月后难免一死，不如现在去游山玩水。

一年后，宁远回来去拜访张仲景，张仲景一见，十分惊奇，认为他一定遇见神人了。宁远将他游山玩水到了茅山，在清玄观当童仆，老道给他治病等事告诉了张仲景。张仲景听完后深感山外有山，于是离开家乡，奔赴茅山求师。

11　望色先知

王粲，字仲宣，山阳高平（今山东邹城西南）人，与孔融、徐干、陈琳、阮瑀、应场、刘桢并称"建安七子"。王粲不仅名列七子，而且是其中成就较大的一个，与曹植并称"曹王"。张仲景也曾经为王粲诊过病。

王粲20多岁时，曾遇"医圣"张仲景，张仲景通过望诊发现王粲有病，便对王粲说："你已经患病了，应当立即治疗。如若不然，到了40岁眉毛就会脱落，之后半年就会死去。现在及时治疗，服五石汤，还是可以挽救的。"

王粲听了很不高兴，认为自己没病，张仲景是徒有虚名，说自己有病，不过是想出名罢了。他不情愿地接过了药方，但是并没有服用。

过了几天，张仲景又见到王粲，就问他："服药了没有？"王粲骗他说："已经服过了。"张仲景观察一下他的神色，摇摇头，焦急地对王粲说："你并没有服药，你的神色跟往时一般。你是不相信医生，还是不爱惜自己的生命？"

王粲始终觉得自己没病，一直都没有服用汤药，20年后眉毛果然慢慢地脱落，之后半年就死了。

附一

展览·中医文明

扫码看讲解

1 中医药文化重要展览

中医祖庭医圣祠是中医的发祥地和策源地，每当祖国中医药的重要历史时刻，总有医圣祠的新闻发声。当国内反对中医声音四起时，医圣祠举办了中医大师张赞臣展览；当医圣祠进一步发展时，医圣祠举办"圣祠春秋"展览，该展览全面反映了医圣祠的历史与发展面貌；当张仲景医药文化节和仲景论坛享誉全国时，医圣祠创作了《医圣颂》中医歌曲，制作竖立了《医圣颂》纪念碑，举办了"张仲景医药文化节回顾展"；当国家卫生部门倡导大医精诚精神时，医圣祠举办了"中国传统医德优秀文化"展览；当第二届国医大师评选时，医圣祠举办了"国医大师唐祖宣"和"南阳中医十大名师"展览；当屠呦呦荣获诺贝尔生理学或医学奖时，医圣祠举办了"大国诺奖路"展览；当习近平总书记提出一系列发展中医药的新思想、新论断、新要求时，医圣祠举办了"大国中医策"展览；当南阳国际医圣仲景论坛召开时，医圣祠制作了"仲景世纪铜锣"；当中医医学教育回归经典教育时，医圣祠创建了仲景书院；当宣传贯彻《中医药法》时，医圣祠制作竖立了《中医药法》华表。

（1）中国传统医德优秀文化主题展览传播中医好声音，讲好中医好故事，树立中医好形象

中国传统医德是祖国医学的重要组成部分，博大精深，源远流长，特质鲜明，惠泽华夏民族。在人类历史长河中，中华医德在医学实践土壤中生长，并在不断发展中赢得了人们的信赖、信守。传统医德在树立医者形象、促进卫生事业发展方面，有着不可磨灭的功绩。2012年12月，国家卫生部提出：以孙思邈大医精诚思想为代表的中国传统职业规范、以希波克拉底誓言为代表的西方医学道德标准和以白求恩为代表的革命人道主义精神，是我国医疗卫生职业精神的宝贵财富，要深入挖掘这些精神的核心内涵，并赋以时代特点，着力弘扬新时期的职业道德和良好风尚，凝聚人心，鼓舞斗志。

2014年5月开始，医圣祠组织举办了中国传统医德优秀文化主题展览。该展览分八个部分，从医德渊源、医德内涵、医德精髓、医德经典、医德故事、医德楹联等到传承医德深入系统地对历史悠久、内涵丰富、特色鲜明的中国传统医德进行挖掘和梳理，共计3万字、55个展板。展览开办以来，两年共接待社会群众8万人次参观学习。2015年举办45场次中国传统医德主题教育专项学习活动，接待市直卫生系统40多家医疗机构和卫生团体共2200多名医务工作者参观学习。接待北京市卫生系统前后8批次、河南省内外18批次参观学习，共计300多人。主题教育活动取得了极大的医德医风教育效果，赢得了全社会的广泛好评。

此主题教育展览得到了国家中医药管理局的高度肯定和表彰，2014年曾作为典型经验在青海省西宁全国中医药文化宣传教育基地年度大会上交流推广。

该展览成果已经上报国家中医药管理局和河南省中医管理局，得到上级部门的表扬。2015年9月南阳市卫计委把医圣祠定为南阳市医德教育基地。

（2）"大国诺奖路"展览馆

屠呦呦是诺贝尔生理学或医学奖的第12位女性得主。20世纪六七十年代，在极为

艰苦的科研条件下，屠呦呦团队与中国其他机构合作，经过艰苦卓绝的努力并从《肘后备急方》等中医药古典文献中获取灵感，先驱性地发现了青蒿素，开创了疟疾治疗新方法，全球数亿人因这种"中国神药"而受益。目前，以青蒿素为基础的复方药物已经成为疟疾的标准治疗药物，世界卫生组织将青蒿素和相关药剂列入其基本药品目录。屠呦呦是第一位证实青蒿素可以在动物体和人体内有效抵抗疟疾的科学家。她的研发对人类的生命健康贡献突出，为科研人员打开了一扇崭新的窗户。屠呦呦既有中医学知识，也了解药理学和化学，她将东西方医学相结合，达到了一加一大于二的效果，屠呦呦的发现是这种结合的完美体现。

由疟原虫引发的疾病困扰了人类几千年，构成重大的全球性健康问题。屠呦呦发现的青蒿素应用在治疗中，使疟疾患者的死亡率显著降低。这项获奖成果为每年数百万感染相关疾病的人们提供了"强有力的治疗新方式"，在改善人类健康和减少患者病痛方面的贡献无法估量。

"大国诺奖路"展览馆历时 3 个月完成设计规划。展览馆共计十二部分内容：①呦呦鹿鸣，食野之蒿；②诺坛巍峨，扬我国医；③拉斯克奖，呦呦初鸣；④东方神鹿，诺坛清音；⑤科学桂冠，诺奖故事；⑥享誉世界，非凡殊荣；⑦疟疾之痛，全球关注；⑧神草青蒿，出自东方；⑨矢志寻蒿，神药出世；⑩苍生大医，晋代葛洪；⑪神鹿出东方；⑫春草鹿呦呦。

全部展览 2 万字，30 多幅图片，设计主线明确，内容翔实，讲述了屠呦呦科学成长之路和获得诺奖背后的故事，重点介绍了屠呦呦成长经历、青蒿素研究、获奖对中医药走向世界的影响，以及党和国家领导人对屠呦呦的祝贺和赞誉。

2016 年 3 月，展览馆面向公众开放以来，已经接待社会公众约 3 万人，反响巨大，公众纷纷在展览馆合影留念。国医大师张大宁称赞该展览全国独一无二，国家中医药管理局曹洪欣司长参观后欣然拍照留存资料，回北京报告屠呦呦，医圣祠为她办了个人展览。

（3）国医大师唐祖宣名医展馆

越来越多的国家对传统医药实行立法管理，制定颁布了有关传统医药方面的法律法规。我国作为传统医药大国、中医药的发源地，中医药当然也离不了国家层面的法律保障。

《中华人民共和国中医药法》由第十二届全国人民代表大会常务委员会第二十五次会议于2016年12月26日通过，自2017年7月1日起施行。这离不了国医大师唐祖宣的努力。为了纪念唐祖宣在推动中医药立法方面做出的突出贡献，医圣祠为唐祖宣开办了个人展览馆，展览馆命名为"弘圣斋"，馆名是由全国人大常务委员会副委员长韩启德题词，展览馆楹联由著名文化学者穆青撰写。

唐祖宣是全国著名的中医，是南阳市命名的中医大师，现任河南省邓州市中医院院长，全国老中医药专家学术经验继承工作指导老师，享受国务院政府特殊津贴。唐祖宣从医50余年，积累了丰富的学术经验，在诊治周围血管病上经验独到。作为中医方面的全国人大代表，他时刻关注民生、民情，为国分忧，为民解困。他先后提出议案、建议530件，其中有关中医药事业方面的218件。他关于大专院校毕业生就业问题、振兴祖国中医药事业、加快人大立法步伐的建议，引起国家领导人高度重视，充分发挥了一个人民代表的作用。

这是医圣祠继张赞臣个人展览馆智圆斋之后为中医大家开设的第二个名医馆，今后将开设更多的当代中医名家的展览馆来充实和丰富中医药文化宣传教育基地内涵。

（4）南阳中医十大名师展览馆和国医馆

为弘扬仲景精神，激发中医热情，鼓舞全市中医工作者，宣传推介南阳中医大师和中医十大名师，用当代中医名家的医学成就和光辉事迹来充实和丰富医圣祠中医药文化宣传教育基地内涵建设，在南阳市政府、卫生局、中医药管理局的支持下，在征得南阳中医大师和中医十大名师的同意下，在医圣祠为南阳"中医大师"和"中医十大名师"开办永久展览馆"尚圣馆"。这是医圣祠继张赞臣个人展览馆（智圆斋）和唐祖宣个人展览馆（弘圣斋）之后为中医大家开设的第三个名医馆。

　　河南宛西制药股份有限公司是全国知名中药企业，长期关心、支持南阳中医事业，在开办展览馆事情上，慷慨相助，由该公司出资规划设计中医大师名师展览馆。展览馆历时 2 个月建成，命名为"尚圣馆"。馆名匾额由南阳中医大师唐祖宣题写。展览馆共分十二部分，每部分专题介绍一位中医大师或名师的医学事迹，展览内容包括个人标准像、工作简历、政府授予的荣誉称号、曾经担任的社会学术团体职务、从医经历、医学成就、临床研究方向、临床医疗专长，以及对南阳中医药事业的历史贡献等。

　　与此同时，医圣祠与河南张仲景大药房股份有限公司联合，创办了南阳中医十大名师国医馆，每天由一名"中医十大名师"坐堂行医，两年来共接诊来自全国各地的患者万余名，开辟了名老中医服务基层群众新战场，受到了社会广泛好评和赞誉。《南阳日报》开辟专栏予以全面报道。

　　开办南阳"中医十大名师"展览馆和国医馆对于提高南阳中医现代化水平，促进中医技术进步和能力建设，增强中医实力和发展后劲，弘扬仲景精神，激发中医热情，鼓舞全市中医工作者，开创南阳中医药事业新局面，具有重大而深远的划时代意义。

扫码看讲解

2 圣祠春秋展

医圣祠"圣祠春秋展"，共分三个篇章。第一篇章为"历史回眸"，回顾 20 世纪 80 年代的医圣祠；第二篇章为"众望所归"，展示建设中的医圣祠；第三篇章为"功在千秋"，记录 21 世纪的仲景事业。

前尘旧影，一张张图片见证了医圣祠的过去。20 世纪 80 年代以来，医圣事业得到了各级政府及海内外医学界的热情关注，中医药界对医圣祠建设和发展给予了大力支持，对于宣传医圣祠文化，弘扬仲景精神起到了巨大的推动作用。进入 21 世纪，仲景精神得到了进一步的发扬光大，作为中医祖庭的医圣祠，在中医药事业和南阳经济文化的发展中，都将会起到越来越重要的作用。

扫码看讲解

3 张仲景医药文化节回顾

2000 年，南阳市开始启动实施张仲景医药创新工程，南阳中医药事业进入历史新纪元。2002 年，南阳市创办"张仲景医药文化节"；2013 年，南阳市创办"仲景论坛"。截至 2022 年，南阳市已举办 15 届"张仲景医药文化节"和 10 届"仲景论坛"，2022年举办第 10 届"仲景论坛"和首届"全球医圣仲景拜谒大典"。

南阳市从 2000 年《张仲景医药创新工程实施方案》到 2022 年《南阳市打造"全球中医圣地、全国中医高地、全国中医药名都"行动方案》的政策出台，历时 22 年，中医之城南阳完成了从大中医、大健康到大民生、大产业的时代变革和华丽转身。回顾15 届"张仲景医药文化节"和 10 届"仲景论坛"，可谓是年年有特色，届届各不同。从第 1 届"张仲景医药文化节"主题"南阳——新世纪的希望"到第 15 届"张仲景医药文化节"主题"传承精华、守正创新，推动中医药事业产业高质量发展"，一次次主题更鲜明，规格层次更高；一届届内容更丰富，形式更多样；文化引领，百花齐放；学术盛会，百家争鸣；中医抗疫，南阳示范；中医服务，贸易出口；招商引资，项目落地；群英荟萃，才智交融；紧扣时代脉搏，共创中医药发展的美好未来。"张仲景医药文化节"和"仲景论坛"，铸就了仲景品牌，成就了中医事业，壮大了中医药产业，助推了中医药龙头企业，拓展了城市发展机遇，搭建了投资展示平台，催生"两地一都"中医药强市战略。伴随着"张仲景医药文化节"的举办，医圣故里、张仲景中医药文化的影响力、吸引力在不断增强。南阳市中医药工作正在深入贯彻落实习近平总书记考察南阳时对中医药工作的重要讲话和指示精神，充分发挥南阳市中医药资源优势，以仲景文化为引领，以建设国家中医药综合改革试验区为平台，推进"医、保、教、产、研、文、贸、养"八位一体协同创新发展，培育具有世界影响力的张仲景品牌，努力实现"两地一都"的战略目标，走好新时代医圣故里中医药传承创新发展之路。已举办的"张仲景医药文化节"和"仲景论坛"所取得的成果及意义已经载入中国中医药发展史册，成为全国中医药医改的"南阳中医模式"，真正实现了服务惠民健康大家，中医药发展成果全民共享。

如今，"张仲景医药文化节"和"仲景论坛"不仅成为国内外具有较大影响的节会与论坛品牌，而且推动了一批大项目、好项目签约落地，成为南阳对外开放的载体、招商引资的平台和提升城市形象的窗口，成为南阳打造河南省副中心城市的最有活力的经济增长极。

好风凭借力，扬帆正当时。南阳，乘着"张仲景医药文化节"和"仲景论坛"成功举办的东风，以习近平总书记 2021 年 5 月亲临南阳考察为新的动力，站在新起点，把握新机遇，创造新辉煌。

附二

文化·千秋医圣

1 阅读中华医圣张仲景 寻找医圣祠的价值所在

盛世中医、盛世中医梦，大美仲景、大美仲景情。医圣祠是中医圣地，被奉为中医祖庭，以其丰厚的医学文化内涵，向人们展示了中华文明的悠久历史和炎黄子孙的勤劳智慧。医圣祠是一座历史的丰碑，铭刻着人类与疾病作斗争的拼搏精神，更是弘扬民族优秀文化、进行爱国主义教育的不朽篇章。

仲景文化是传统的，也是民族的，更是世界的。深入挖掘医圣祠中医药文物、文化、旅游价值，进行全面、系统的归类整理和功能定位，让中医药文物、文化、旅游价值和内涵充分展示出来，让历史说话，让文物活起来，让文化故事生动起来，让旅游产业兴盛起来，引领医圣祠中医药文化全面发展。

（1）历史价值

张仲景墓及祠历史悠久，是纪念和祭祀医圣张仲景的场所，通过现存的文物建筑、文物院落、附属文物及留存至今的祭拜活动能够得到印证。

20 世纪 80 年代是国家各项事业重新起步的重要历史阶段。这个时期党和国家对中医事业重新肯定，并多次拨款对张仲景墓及祠进行重大修葺。目前所见到的张仲景墓及祠作为重要的物质载体，反映了这一时代背景下党和国家对祖国医学文化遗产和文物保护的重视，是我国中医药事业发展的重要实物见证。

张仲景在系统地总结《黄帝内经》《难经》等医学理论和治疗经验基础之上，撰成《伤寒杂病论》等医学经典之作，所博采或个人拟制的方剂精于选药、讲究配伍、主治明确、效验卓著，后世尊之为"经方"，誉为"众方之祖"。这些方剂经过千百年临床验证，奠定了中医治疗学的基础。《伤寒杂病论》这部奠基性、高峰性的著作使张仲景被后世尊称为"医圣"，在中国医学史上具有崇高的地位。

《伤寒杂病论》熔理、法、方、药于一炉，开辨证论治之先河，通常与《黄帝内经》《难经》《神农本草经》等并称为祖国医学的四大经典。它不仅是中国历代医家必读之书，而且广泛流传海外（日本、朝鲜、越南、蒙古等国），在世界范围内也有着深远的影响。

张仲景墓及祠的历史发展真实反映了历朝历代陆续修缮张仲景墓及祠的历史史实及其历史环境的真实变迁。

张仲景墓及祠的现有文物建筑遗存、碑刻、《伤寒杂病论》白云阁藏本和文物环境的存在可以与历史文献相互印证、互为补充，是研究与张仲景墓及祠相关的人物历史、建筑自身发展、中医药发展和区域历史发展的重要历史证据和实物资料。

张仲景墓及祠是为纪念东汉时伟大医学家张仲景所建的医药类历史名人祠庙，是目前国内唯一的张仲景纪念地。

张仲景墓及祠保存的《伤寒杂病论》白云阁藏本是迄今为止发现的最完整、最准确的《伤寒杂病论》版本。

张仲景墓及祠的大门汉阙和拜殿是杨廷宝大师的遗世之作，在建筑历史上具有重要的纪念价值。

（2）艺术价值

张仲景墓及祠的文物建筑、文物院落空间及其文物环境的整体景观与仁济桥、环绕其外的温凉河、北部的明山、南部的白河等共同形成具有极高观赏价值的人文景观。

张仲景墓及祠保存有郭沫若、舒同、启功、赵朴初、商承祚、范增、姚雪垠、黄竹斋、任应秋等诸多书法大家和国医大师题词的匾额、楹联等，具有极高的人文历史价值和书法石刻艺术价值。

（3）科学价值

张仲景墓及祠的祠堂四合院是河南地区分布较为广泛的民居院落形式，在空间序列、材料选择、细部节点等处都具有显著的中原地区尤其是河南省西南民居的特点，体现了地方传统民居风格的四合院祠庙形制。

张仲景墓及祠独特的前墓后祠的格局形制，对建筑历史的研究具有一定的科学价值。

（4）社会价值

张仲景墓及祠是全国重点文物保护单位，是河南省南阳市重要的文化资源，是优质的国有资产，是展示和传播河南南阳地区文化的重要载体，对地方经济发展有积极的推动作用。

张仲景墓及祠是南阳最主要的旅游景点之一，是当地旅游业不可缺少的重要环节，对于带动周边地区经济有至关重要的作用；是展示地方文化的重要窗口；是了解我国中医药历史、开展中医药学术交流会议的重要场所；是河南南阳地区人民心目中引以为豪的古迹；是群众和中医药学者祭拜张仲景的场所，是大家重要的精神寄托。

（5）文化价值

张仲景墓及祠历代为四方医士聚会探讨医学之地，起着促进仲景医学思想和传统文化交流与发展的积极作用。

张仲景墓及祠所收藏的诸多学者、名流等赞扬张仲景医学成就的匾额、楹联、题咏、书画，与文物本体共同组成中医文化遗存和人文景观，展现了张仲景墓及祠的医学文化，体现了文化的多样性，同时对中医文化的传承起到巨大的促进作用。

张仲景其著作、其人物、其学术成为中医药文化的一面旗帜和典型代表，对振兴、促进、发展中医药学有着极其重要的象征意义和精神价值。

张仲景医药文化是中国中医药文化的核心内容和重要组成部分，是中华民族传统文化的优秀代表之一，是中华文明文化中体现张仲景内质与特色的物质成果和精神成果的总和。

张仲景墓及祠是供奉、纪念张仲景的场所，是河南非物质文化遗产"医圣张仲景祭祀"的物质载体，对弘扬汉民族优秀文化和传承民间文化，尤其是传承发扬张仲景医学思想，促进传统中医学的发展具有重要意义。

张仲景祭祀活动具有重要的历史人文价值、生命科学价值、民间艺术价值、民俗传承价值和现代应用价值。

（6）旅游价值

南阳是中医圣地和医圣故里。全球华人和中医学子在中医祖庭——医圣祠祭拜医圣仲景先师是中华民族传承千载、历久弥新的传统盛事，是弘扬爱国主义精神及增强中医归属感、认同感、尊严感和荣誉感的中医盛典，祭拜活动极具传统文化和精神感召力。中华儿女对中华医圣的慎终追远、高山仰止之情，表达着对中华传统中医药文化的崇尚。它的旅游价值体现在中医祖庭的历史地位，体现在中医人朝圣拜祖的愿望和人民群众自发祭祀先贤活动上。

2   宣传医圣祠仲景文化　　活动形式持久弥新

　　医圣祠是全国中医药文化宣传教育基地、河南省大中小学生思想道德建设基地、河南省社科联(即社会科学界联合会)科普基地。医圣祠设有专门的文化宣传教育工作机构，定期开展中医药文化主题的社科类活动。针对社会热点和公众需求，结合仲景文化特色，每年开展系列有新意、特色明显、讲究实效、形式多样的中医药文化主题活动。特别是张仲景医药文化节、中医中药中国行、中医药文化进学校、端午仲景文化诗词朗诵大会和仲景娇耳节等中医药文化活动，在全国独具特色，深受广大市民和大中小学生喜爱。

　　医圣祠所有中医药文化活动有以下特色：一是这些活动免费向公众开放；二是惠民，即围绕活动主题免费赠送中医药文化礼品；三是广泛和机关、高校、媒体、医院、文化艺术团体、企业、中小学校、公益慈善机构、中医药企业合作；四是活动围绕中医药和仲景文化、中医药知识科普等主题开展；五是每次活动必有中医药健康文化讲座和报告，仲景文化诗词创作和朗诵；六是中医名老专家在活动中义诊。该活动参与度高，受众覆盖全社会。

（1）组织举办全国性大型中医药文化宣传教育活动和南阳市社科联重大宣传教育活动

医圣祠隆重举办元宵节及正月十八张仲景诞辰纪念活动，组织开展一系列内容丰富多彩、特色鲜明的中医药文化宣传活动，集中展示中医药传统文化、弘扬仲景文化，引领广大群众走近中医药、认识中医药、了解中医药、使用中医药、热爱中医药。

医圣祠在元宵节举办"趣味中医药灯谜活动"，活动现场展览 300 盏灯笼、2000 条中医药文化灯谜、1000 条福文化灯谜等。活动内容以中医中药相关知识为主，体现趣味性，增进广大群众对中医药文化的了解。活动期间，汤圆免费供参观者品尝，并提供丰盛的活动奖品，有特色福饼、汤圆、养生包及文化用品。

每年农历正月十八张仲景诞辰纪念日，医圣祠都会举办盛大拜谒医圣张仲景纪念活动。医圣祠免费向社会开放，举办民俗祭祀、名老中医义诊、祭拜医圣典礼、传承学术研讨会等活动。社会各界人士从四面八方前来参观游览，祭拜医圣张仲景，为家人、亲朋好友祈福。民众祭拜的内涵也从单纯的祈福、祈求健康等上升到对医圣文化的崇拜和敬仰。

（2）举办中医中药中国行与庆祝《中医药法》实施宣传活动

中医中药中国行——中医药健康你我他、河南省中医药健康文化大型主题行动暨《中医药法》贯彻实施纪念活动，在南阳医圣祠多次举办。活动由中医中药中国行组委会、河南省中医管理局（现河南省卫生健康委员会中医处）主办，南阳市中医药发展局、河南省中医院和医圣祠承办，活动的主题为"传播中医药健康文化、提升民众健康素养"。活动主要内容包括健康咨询（义诊）、健康讲座、中医药事业发展和健康养生产品展览、中医药适宜技术体验、中医养生功法表演及中医药科普物资的发放等。河南省中医院和南阳市 30 余家医疗机构参加义诊，共派出 100 余名名医专家为广大群众现场诊疗。现场健康大讲堂、中医养生功"八段锦"表演等精彩纷呈；还有诗词大会、古琴演奏、书法展示等活动，吸引了不少群众驻足

观看。据统计，每次活动，参加义诊群众有万余人次，免费体验艾灸、理疗等中医药特色疗法的 3000 余人；有 50 余家艾草企业和友情合作企业参加活动；现场赠送艾制品、刮痧板等物品和中医药科普资料，价值 30 万余元；共布设中医药法、中医药发展成就展板 100 余块；由南阳市书法家协会的书法家们创作书法作品共 300 余幅，全部赠送给群众；创作仲景文化作品 20 余个，参加艺术汇演的演员达 300 余人，观看艺术汇演的群众达数万人次。

（3）举办张仲景医药文化节和仲景论坛

打造张仲景文化品牌，推进中医药事业发展。自 2002 年开始，南阳市举办"张仲景医药文化节"，原为每年一届，现调整为两年一届；2013 年以来，设立并举办国家级学术论坛——仲景论坛，每年一届。至今，已经成功举办了 15 届"张仲景医药文化节"和 10 届"仲景论坛"。"张仲景医药文化节"，原由国家科技部、国家中医药管理局、河南省政府主办，从第 11 届开始，根据国家政策，改由中华中医药学会、中国中药协会、中国保健协会、中国中医药研究促进会、世界中医药学会联合会主办，南阳市是节会永久承办地。"张仲景医药文化节"及学术论坛，已经成为中医药行业的文化品牌和具有国内外影响力的节会和学术论坛。

医圣祠协助南阳市政府举办历届"张仲景医药文化节"和"仲景论坛"、仲景书院系列活动。为全面贯彻习近平总书记对中医药工作的系列指示精神，以举办中国南阳张仲景

医药文化节暨仲景论坛为平台载体，南阳市还举办中国中医药产业发展及人才培养国际论坛和健康中原高峰论坛、中医药产业发展论坛、艾产业发展论坛、国家名家针法经方论坛等，以宣传推介仲景文化品牌，共谋中医药产业发展大计，借助"一带一路"推进中医药走向世界，加强中医药国际交流合作，使中医药在维护人类健康上发挥更大作用。

（4）举办中国医师节、护士节庆祝活动

医圣祠开展中国医师节庆祝活动，举办中国医师节仲景文化诗词朗诵大会和中医药系统中医药文化演讲比赛等。每年护士节，南阳市中医院在医圣祠举行为新护士授帽仪式，活动在庄严的"护士授帽仪式"中拉开帷幕。护理前辈为新护士们戴上圣洁的燕尾帽，随后大家右手握拳，宣读《南丁格尔誓言》。一声声铿锵有力的誓言，使新护士接受了一次心灵的洗礼，让在场所有人感受到护士的责任与荣耀。

（5）积极利用新媒体开展线上中医药文化宣传教育活动

积极传播中医药文化，开展多场仲景文化报告课。医圣祠为南阳理工学院作《仲景文化——医圣张仲景从东汉走向历史画卷》主题报告；为南阳党校作《千秋医圣，医典传世》主题报告；为南阳医专国际文化交流周作《中国传统医德与师德优秀文化》主题报告；为南阳市社科联主办的中原大讲堂作《仲景经方抗疫》主题报告；为河南省中医药管理局主办的全省中医药新闻宣传工作主讲《仲景文化策划与推广》；为河南工业职业技术学院作《大国诺奖路——东方神鹿屠呦呦》主题报告；为河南省社会主义学院作《弘扬医圣精神，增强中医文化自信》主题报告；为河南省卫生健康委员会全省卫生监督大会作《新时代中医药文化》主题报告；为陕西省纪念米伯让先生100周年诞辰大会作《大医担大道，国医崇祖庭》主题报告。

（6）做好南阳城市文化基因仲景文化的研究与利用

医圣祠为南阳市政协撰写《汉文化——张仲景文化研究》，在南阳市政协常委会文旅专项工作总结会上作《打响仲景文化品牌　推动康养旅游发展》代表发言，为南阳市委宣传部编制《四圣文化——张仲景文化故事》画册。

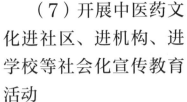

（7）开展中医药文化进社区、进机构、进学校等社会化宣传教育活动

医圣祠会举办儿童节仲景健康主题活动。儿童节到来之际，医圣祠还会开展儿童节大型公益行动——仲景文化情·少儿健康教育。活动具体内容有：致敬祖国医学，致敬医圣仲景拜谒仪式；少儿健康教育报告——《学习能力的培养与学习困难的预防》；古琴经典名曲演奏；仲景文化诗歌朗诵；等。

（8）拓宽创新宣传渠道，充分利用电视、广播、报刊、网络等定期公开报道中医药文化宣传教育工作

医圣祠相关新闻多次被推送到"学习强国"平台。为庆祝六一儿童节，河南省委宣传部和医圣祠组织的"出彩中原——万名小学生歌唱《我和我的祖国》快闪活动"被推荐到"学习强国"平台；《河南日报》采访医圣祠专访文章——《寻觅医圣张仲景》，被"河南省学习平台"和"中宣部学习平台"推荐到"学习强国"平台；另有《医圣祠楹联赏析》《医圣张仲景与中医药堂》《医圣故里演绎精彩故事》《医圣祠里赏凌霄》

《古代名医雕像》《医圣张仲景与方书之祖》《祭拜医圣　传承中医药文化》《在传承中释放中医药亘古魅力》《中医文化圣地的新使命》《首届仲景文化周活动启动》《中医祖庭医圣祠》《圣业圣德话传承》《万祀千龄是心香》《玉振金声传圣名》《众方之祖话仲景》等文章被"学习强国"平台推荐宣传。

（9）创办"国医大师唐祖宣图书展"展览馆

该展览馆全面系统地展览国医大师唐祖宣从医 60 年出版发行的 106 部医学专著，让更多的民众学习国医大师精神，热爱中医，信任中医，学习中医，使用中医。

（10）创新宣传教育形式，举办仲景文化端阳诗词朗诵大会

每年端午节，医圣祠都会举办仲景文化端阳诗词朗诵大会。历次活动主题为：大美南阳，端午风情；海峡两岸，美丽乡愁；仲景文化，诗词朗诵等。

（11）举办仲景慈善文化诗词朗诵盛典活动

为颂扬仲景慈善精神，南阳慈善总会把医圣祠定为南阳慈善文化教育基地。医圣祠多次开展仲景慈善文化诗词朗诵盛典活动；举行"家贫志坚好少年"助学行动计划；举办南阳慈善文化展览，弘扬和传承仲景慈善文化，大力弘扬仲景慈善精神，大医精诚，普同一等，济世救人，广施人道，不分贵贱，以拯救天下苍生、消除疾病痛苦为己任，

以行动诠释格物致知，知行合一。仲景慈善文化，几千年来随着医疗实践的深入和中医药学的发展而不断完善，成为医界同仁规范自我、鞭策奋进的精神动力。

（12）国际博物馆日举办"阅读医圣张仲景"读书活动会

每年 5 月 18 日国际博物馆日，医圣祠会开展以"阅读医圣张仲景"为主题的读书活动。采用读书会实地阅读的形式，让文物"活"起来，让博物馆故事以喜闻乐见的新方法融入人们的文化生活。读仲景文化，说仲景品牌，讲宛西故事，诵仲景经典，在古朴厚重的古建筑间，怀敬仰之心，沐圣祠心香，其中有读书会会员、有企业员工、有学生，大家一起走进医圣祠，阅读尘封的历史，感受经典文化，收获生动深刻的历史人文体验。

（13）举办仲景娇耳节和仲景文化诗词朗诵大会

每年冬至，仲景娇耳节和仲景文化诗词朗诵大会在医圣祠举行，数万名市民现场感受热气腾腾的娇耳节、情怀满满的文化宴。为了纪念张仲景发明"祛寒娇耳汤"，国医大师张磊专门题写"饺子始祖"匾。"祛寒娇耳汤"，是仲景发明的健康养生的药食同源第一方，为了纪念医圣发明饺子，后世就把饺子作为我们民族节庆、团聚，表达亲情、友情、乡情的最美好的祝福的食品。民族第一食品饺子，民族最伟大的医圣，民族最重要节日之一冬至，在医圣祠珠联璧合而成"仲景娇耳节"。

在中国，有"冬至大如年"之说，而"冬至一阳生"是中医学的重要理念。冬至吃饺子，既是为了纪念医圣张仲景，又是一种相沿成习的民间习俗，深深地印进了我们的日子里。

习近平总书记强调：坚定文化自信，是事关国运兴衰、文化安全、民族精神独立性的大问题。仲景精神是文化自信的重要体现，具有悠久传统的冬至节，和饺子一样具有

深刻的文化自信，它们同时都具有我们民族精神独立的意义。

　　"仲景娇耳节"，已经举办了 5 届，得到了国家中医药管理局和中医界的高度肯定，各级媒体进行了广泛报道，更得到了广大人民群众的真心喜爱。2021 年冬至，医圣祠邀请南阳市文联各大协会的著名艺术家，组织了一场独具中医圣地特色的文艺汇演。这是落实南阳市委、市政府关于加强仲景文学艺术创作力度，推出一批高标准、高质量的仲景文艺创作，为仲景品牌建设助力，为建设副中心城市助力而举办的仲景文艺盛会。歌曲《荠荠菜包扁食》，唱出南阳人的口味，也唱出了南阳人对仲景先师的纪念；《月奶奶，黄粑粑》，既优美动听，又让我们回想起儿时母亲唱的童谣；"非遗"环节有三弦书《仲景娇耳》、宛梆《张仲景》、大调曲《京豫良缘看少年》，老艺术家唱腔老道，高校学子创新表演，让观众看得有滋有味；古琴悠扬中，散文诗朗诵《艾草随想》《圣祠心香》，用美文、用声音，让南阳艾草芳香四溢，让仲景文化魅力再次打动人心；还有《礼赞仲景》的汉风舞蹈，《仲景回家吃饺子》的情景表演，《仲景说》的男女声对唱，《我和我的祖国》的女声独唱……丰富多彩的节目，高水准的出色表演，一再点燃观众的热情。

　　医圣祠是一个中医精神圣地，也是南阳文化艺术创作的一块全新的巨大阵地。"仲景南阳文学艺术创作基地"在医圣祠的成功创建，给艺术家们开拓了一个崭新的领域，也为中医文化领域和文学艺术队伍赋予了新的文艺创作使命。我们期望在这块阵地上，开出中医药文化灿烂的花海，结出仲景文学艺术创作的累累硕果，不辜负习近平总书记对南阳的厚望，不辜负这个美好的文学艺术创作新时代。

3 丰富医圣仲景文化 作品如泉涌似江河澎湃民心

（1）医圣颂

中华五千年，文明薪火传；

神农尝百草，黄帝启医源。

东汉张仲景，济世救民难；

辨证立八纲，大论著伤寒。

活人即活国，龙族得绵延；

大医担大道，民命重于天。

国医崇祖庭，先师南阳眠；

望之如汪洋，仰之若高山。

万民祀千秋，家国得平安；

圣德昭日月，佑我万万年。

（作词：张兼维）

（2）医圣仲景

在那东方神秘的国度里

留下太多不老的传说

无论天南地北

共同的信仰

你把一生给了谁

千草百花尝尽世间冷暖

道不尽的千回百转

妙手回春再济

福海苍生

仁医仁术仁心在

天地人

日月星

精诚至

万古明

国医风

保太平

美誉千秋

医圣仲景

六条经络八个纲

护佑千万年

金木水火土

阴阳之中乾坤谁圣手

悬壶济世怀天下

圣业圣德在

东西南北中

换来吉祥盛世满神州

医圣的《伤寒杂病论》影响千年，仲景经方在新型冠状病毒的防治中依然发挥着重要作用，而且南阳正积极发挥中医药资源优势，高质量发展中医药产业。《医圣仲景》用流行歌曲的形式，弘扬了仲景文化，歌词中着重展示医圣的悬壶济世之道，以此助力中医药文化的传承与传播，让更多的人了解中医智慧、了解仲景文化。

（作词：张兼维　姜涛）

（3）医圣仲景颂

仲景先师，乃神乃圣，道启阴阳，法演五行。先师开宗明义，著伤寒大论，发六经妙理，立八纲准绳；建理法方药之体系，成君臣佐使之度衡；开辨证论治之先河，启祖国医学之法程。先师慈心论道，悲心论世，妙心论医，精心论药。先师之法，济人济世之大法；先师之道，活人活国之大道。先师之德，中华美德之最高体现。先师者，中华民族之伟大代表，天地大道之至善化身。

神农尝百草，肇中医之始。先师著大论，成万世医宗。后世医家，继往开来，各家各派，继承炎黄，传承医圣，法脉有序，百世流芳。华夏民族繁衍生息，进步发展，中医中药造福万民，福佑中华，其丰功伟业，与江河同在，与日月同辉。近百年来，西学东渐，中医几经磨难。然中华文明在，中医必在，而祖国医学昌盛，中华文明必大昌盛。

值中华复兴之今日，习总书记明确指出：中医药学是打开中华文明宝库的钥匙。中华复兴之大业，中医药界使命莫大焉。仲景学说乃中医药学之核心龙头，中医药学宝库之钥匙在仲景精神，故传承仲景大业，弘扬仲景精神，关乎中医药事业之发展，关乎中华文明之进步。

先师诞于南阳，陵安南阳，立祀建祠，为中医祖庭，聚生民之善愿，扬先师之圣名，凝医界之精神，表民族之崇敬。医圣祠堂，祖国医学崇高境界之象征，南阳人杰地灵之见证。

于医圣祠内先师墓前，缅怀先师，追思圣训，共沐圣德，我辈当高举仲景大旗，弘扬祖国医学，光大中华文明，虽任重道远，而披肝沥胆，在所不辞。

国医崇祖庭，先师南阳眠；望之如汪洋，仰之若高山。

万民祀千秋，家国得平安；圣德昭日月，佑我万万年。

（张兼维敬撰）

（4）仲景娇耳赋

仲景先师，昔为长沙太守，辞官归乡，时值隆冬，百姓饥寒，耳朵冻伤。先师恻隐，于南阳城东，搭棚置釜，羊肉辣椒合与药材，煮以成馅，包裹面皮，捏作耳状，为民疗疾，始有娇耳。魏晋两朝，娇耳成馄饨，"形如偃月，天下通食"。至唐呼为牢丸，元代称角儿，名曰角粉，清呼扁食，今人称作饺子。

圣人制食，应天心适民意。先师救世拔苦之志，擀作一张面皮，以道德为馅，仁义为药，悲悯为汤，百般体恤，佐成五味，包容天地，契领八方，谐融四时，和合众庶，阴阳负抱，五行畅顺，八纲开合，八法呼应。娇耳一食，仲景先师救济众生无量慈悲，广大圣心之示现也。

饺子最合国人情义，无论南北各族属，不分富贵贫穷，向以饺子为食之最崇。过节过年，祝福祝寿，吉日喜庆，犒劳有功，皆以饺子为礼为敬。当今世界各国，喜爱饺子，已成风尚。

自唐尧定二分二至，冬至一节，商周视为大年，汉朝以为岁首。更岁交子，阴极阳生。交子谐音饺子。冬至食饺，久成北方保健礼俗，既是华夏绵长福祉，亦为后世感戴仲圣功德之飨敬。

南阳医圣祠，为中医圣地。园内铸仲圣铜像，图刻先师故事，廊列历代大医贤哲，伟人碑刻雄峙，古今碑碣林立。中外访者，络绎不绝，或祀或祭，或修或学，赠书遗文，赞颂先师。中医祖庭，众望所归也。

今值盛世，文明昌隆，国医中兴，百姓颂福。为弘扬仲圣功德，由仲景门人杨建宇、刘海燕首倡，玉人王春会凿刻，成仲景娇耳雕塑。丁酉冬至日，于圣祠举办仲景娇耳节，娇耳雕塑群隆重揭彩。天工琢玉，神斧塑形，矗立圣祠，再添胜景。

中华冬节，中华医圣，中国饺子，合为圣祠添彩，为中医争光，更为当代文化献呈一大盛事也。

张兼维敬撰
丁酉年十一月初五冬至日

（5）医圣爷的饺子

走遍了千山万水
最难忘一个字儿啊
（旁：吃）
不论是天涯海角
最稀罕这个味儿啊
（旁：饺子）
素馅荤馅包个皮儿啊
捏成耳朵来捏个心啊
亲情友情乡情浓啊
过罢冬至过大年

一千八百七十年
长沙拜过拜到咱白河边
大中国
咱炎黄子孙虎跃龙腾
一代一代传
医圣情比天

穿过了多少大街
连着那多少村和庄
（旁：香）
汉朝香到了元明清
龙子龙孙的年夜饭
（旁：饺子）

饺子当年是味药

专治百姓耳冻伤

娇耳后来是个宝

感念医圣爷他恩如山

　（旁：医圣爷恩如山）

一千八百七十多年

享咱们中华民族大团圆

大团圆

炎黄子孙龙脉同根连

千秋万代传

圣德昭日月

佑我万万年

唻唻唻唻……

唻唻唻……

吃饺子唻……

（作词：张兼维　姜涛）

（6）仲景说

春风到百鸟争晓

天精甘草四菊好

夏雨到莲池鱼闹

二道木梨花青翘

秋雾笑南地萧萧

相思豆怎耐煎熬

冬雪寄情当归连山药

柳月春千岭秀逸

车前五味备莲子

荷夜夏蛙鸣蝉意

松苓薏仁芡实宜

桂香秋剪窗烛西

金不换怎么甜蜜

立冬再聚何首乌三七

居世之才令烦恼

不曾留神医药

逐荣势踵权豪

崇饰其末乃不好

爱人知人而进之

爱身知己而退之

上可疗君亲

下可救平民

Rap（说唱）

东汉末年出医圣张机

一著伤寒立六经辨证

精究方术传世的治人救贫

冬去春来一段佳话

传世里是动人心弦

本草有心俯瞰天下诸国

未来可期前方也会有曲折

壶中天地由我来说

故事里已过了

袖里乾坤承万籁绿色梦想

（作词：小鹿　姜涛）

（7）医圣之光耀千秋

医圣美名誉满乾坤，

万世医宗傲立杏林。

勤求古训岐黄术，

如法炮制技求真。

悬壶济世良相志，

坐堂行医救黎民。

一部伤寒杂病论，

国医大成传古今。

中华医药博大精深，

辨病辨证治国救人。

博采众方著经论，

代代传承民族魂。

仁心仁术逐疫魔，

山河无恙气象新。

医圣之光耀千秋，

中华瑰宝万古存。

仁心仁术逐疫魔，

山河无恙气象新。

医圣之光耀千秋，

中华瑰宝万古存。

万古存。

（南阳民谣　作词：党铁九）

（8）荠荠菜包扁食

荠荠菜包扁食

不够那小妮儿一呀一碗吃

小妮儿给我挤呀挤挤眼儿

我给那个小妮儿拨上一点点儿

小妮儿给我点呀点点头

我给那个小妮儿一呀圪楼

噢……

我给那个小妮儿一呀一圪楼

荠荠菜包扁食

不够那小妮儿一呀一碗吃

小妮儿给我挤呀挤挤眼儿

我给那个小妮儿拨上一点点儿

小妮儿给我点呀点点头

我给那个小妮儿一呀圪楼

噢……

我给那个小妮儿一呀一圪楼

（作词：乔中华）

（9）仲景书院第三期国医仲景传人祭拜医圣仲景先师祭文

华夏千秋，医道长存，仲景先师，乃圣乃神；

发明医理，撰著大论，道承岐黄，功在生民。

五行为用，阴阳为根，六经辨证，八纲明审；

见病知源，去伪存真，理法方药，博大精深。

先师立法，贯通古今，先师立方，至精至纯；
先师立德，化育群伦，先师立义，活国活人。

伤寒论出，百代为尊，东方医学，奠定乾坤；
传道有序，授业有遵，代有传承，贤哲如云。

中华复兴，国医振奋，大健康业，惠及全民；
中西并重，以人为本，利益当代，造福子孙。

庚子辛丑，大疫来侵，抗击新冠，万众一心；
清肺排毒，效验若神，一方既出，济世救民。

医相无二，活国活人，千秋医圣，医典传世；
人民领袖，视察圣祠，传承精华，守正创新。

仲景盛会，纵横古今，发扬经方，精研经论；
书院三期，百名精英，传承圣业，薪火不息。

国医贤达，经方同门，先师陵前，众愿一心；
光大圣业，担当大任，天地可鉴，壮志凌云。

中医祖庭，中华之魂，功昭日月，德享万民；
典祭之礼，以鉴此心，念兹在兹，尚飨永贞。

主祭人：仲景书院学生

2021 年 10 月 29 日

后　记

千秋中医药　今朝风日好

世界中医看中国，中国中医看河南，

河南中医看南阳，南阳中医看仲景。

（1）文化

文化来源于人类的生产生活实践，人类通过感觉、认识、记录、传播形成具有历史性、连续性、民族性的知识体系。文化是人类在社会历史发展过程中所创造的物质财富和精神财富的总和。

文化是历史的积淀，灿烂文化更是历史精华的积淀，它是一个民族的标记和灵魂，也是一个民族赖以延续和发展的根本。

文化越是传统的，越是民族的；越是民族的，越是世界的。

（2）仲景文化

世界古代文明，只有中华文明纵横五千年而经久不衰。五千年文脉涵养出泱泱中华：先秦诸子、汉唐气象、宋明风韵……回望五千年中华文化的历史脉络，中医药文化是五千年中华传统文化至今鲜活的印记。张仲景学术思想体系构成的生命健康文化更是中华中医药文化宝库的精粹，如日月之光华，旦而复旦，万古常明。

人类文化遗产，很少有像仲景学说这样历经两千年而仍然具有深刻的民族性、世界性和科学性，具有人类生命科学的广泛应用价值和巨大的发展潜力。仲景生命健康文化既是科技生产文化，也是生活精神文化，它历久弥新，富有生命力，在历史溯源和现实传承应用两个跨度的时空领域内，均具有极其重要的唯一性价值，并不断在传统医学历史长河里传承和发扬光大，它是当之无愧的全人类的思想宝库。

下医医病，中医医人，上医医国。几个世纪以来，医圣张仲景凭借一部《伤寒杂病论》顽强地穿过历史的隧道，传播、扬名、济世、救人，而且是"道经千载更光辉"。他勤求古训，集前人之大成，博采众方，揽四代之精华，熔理、法、方、药于一炉，开辨证施治之先河，以其理论精辟、辨证规范、治法森严、组方严谨、处治灵活、效若桴鼓的学术特色饮誉古今，形成了独特的中国医学思想体系和非物质文化遗产，并在传播中形成特有的文化现象。

唐宋以来，张仲景被尊为"万世医宗"，像文圣孔子一样，张仲景受到了中华文明的最高推崇——中华医圣。在张仲景的身后，国人为他修建了医圣祠，以彰国人对仲景先师崇功报德之纪念。医圣祠以其丰厚的医学文化内涵，向我们展示了中华文明的悠久历史和炎黄子孙的勤劳智慧。它是一座历史的丰碑，铭刻着人类与自然疾病作斗争的拼搏精神，更是弘扬民族优秀文化、进行爱国主义教育的不朽篇章。

天地有大美而不言，唯留仲景圣名在人间。

（3）仲景文化的力量

仲景文化是传统的，也是民族的，更是世界的。

张仲景的影响远远超出了国界，早在唐代，张仲景的著作就被传译到海外，对亚洲各国，如日本、朝鲜、越南等国的影响很大，成为许多亚洲国家的医学根源。

在亚洲，日本尊张仲景为先师。在西方，张仲景被誉为"东方医哲"。

在欧洲，张仲景被列为"世界医史伟人"。

如今，西方医学在微观研究领域困扰渐多之时，以张仲景学说为代表的中医药文化，为 21 世纪世界医学的发展和人类健康提出了全新的发展思路。通过抗击"非典"和新型冠状病毒疫情，全世界人民对张仲景医学思想和《伤寒杂病论》有了更深刻的认识。

中华古医学，世界将风行。

（4）仲景文化的财富

任何一种文化选择，都离不开时代土壤。

任何一种经济模式，都离不开文化支撑。

当今世界，文化与经济相互交融，在综合国力中的地位和作用越来越突出。仲景文化与大健康经济越来越密不可分，不断接近、融合甚至部分重合，仲景文化物质产品中，文化内容的价值比重迅速增长，而文化也通过批量复制的方式借助市场大规模传播。仲景文化与大健康经济的这种交互作用，为南阳经济社会发展注入了一种新兴的、蓬勃的力量。南阳拥有世界唯一的"张仲景文化遗产资源"，具有丰富的生态文化资源及综合的中医药产业基础，具备承接国家名片、发展医药和文化的两大支柱性产业，具备发展新兴健康产业的先天优势。对于南阳而言，弘扬仲景文化，传承仲景学说，发展仲景事业，唱响仲景文化神韵，打造仲景健康品牌，建设全球中医圣地、全国中医高地、全国中医药名都，既是城市定位和大市医策的顶层设计，也是城市灵魂和精神的再塑造，更是城市名片的重器。

打造全球中医圣地、全国中医高地、全国中医药名都，南阳"两地一都"建设是一个伟大的科学构想，它完整地勾勒出南阳中医药走向世界的战略蓝图：确立仲景文化强市旗帜，做大仲景医药文化，做强仲景健康产业，以仲景文化元素打造仲景健康品牌，推动"医、保、教、产、研、文、贸、养"八位一体融合发展，快速形成全国最大的健康集群基地和健康产品大市场。通过连续举办 15 届"张仲景医药文化节"和 10 届"仲景论坛"，组织者也清醒地认识到：丰厚的仲景文化资源和巨大的市场是南阳的优势，但雄厚的资本与成熟的商业运作却不是南阳的强项。中医大市，只有仲景文化体现出比物质和资本更强大的力量，才能造就更大的文明进步；医药名都，只有经济发展体现出仲景文化的品格，才能进入更高的发展阶段。

（5）仲景文化的战略

南阳是医圣故里，是中医祖庭医圣祠所在地，拥有天然的仲景文化资源禀赋，更是历史文化名城南阳城市文化基因中的优秀基因。在南阳建设副中心城市的新使命中，中医药强市战略将是一个重要的发展支撑和经济增长极。

2021年5月12日习近平总书记考察南阳时，首站来到医圣祠，对中医药工作做出重要指示。南阳市委、市政府认真贯彻落实习总书记考察南阳时的重要讲话和重要指示精神，立足南阳建设河南省副中心城市，进一步整合中医药资源，强力实施中医药强市战略，推进南阳中医药转型升级发展，全面实施中医药振兴发展重大工程，持续推进张仲景国医大复建、国家中医区域医疗中心、南阳市中医院新院、医圣祠文化园四个标志性项目建设，努力打造全球中医圣地、全国中医高地、全国中医药名都，走高质量发展之路。

医圣张仲景在历代名医之中地位十分独特，享有崇高的声誉，我们一定要把仲景文化继承好、传承好、弘扬好。医圣祠文化园是打造"全球中医圣地"和"全球中医药文化地标"的重要支撑。医圣祠文化园东至明山路，西至仲景路，北至建设路，南至新华路，占地面积约689亩，总投资约59亿元。根据习近平总书记提出的"要遵循中医药发展规律，传承精华，守正创新，加快推进中医药现代化、产业化"重要指示精神，以现有国家级文物保护单位医圣祠为基础，融"馆、祠、院"于一体，以"汉风汉韵"为基调，根据功能布局，园区划分为一区"文化传承区"和二区"产业发展区"。"文化传承区"着重打造医圣祠人文景区，将兴建国家中医药博物馆医圣馆、仲景书院、中医药体验馆、仲景国医馆、中医抗疫馆、中药标本馆等，与医圣祠形成完整的医圣文化传承脉络；"产业发展区"主要功能有中医药服务贸易、产业孵化、药企总部研发、文旅和文创融合、会议会展、医疗康养、艾产品交易、配套服务等。

习近平总书记考察南阳医圣祠，为南阳中医药发展带来了千载难逢的重大历史机遇。2021年6月，国家中医药管理局把医圣祠文化园项目纳入"十四五"中华优秀传统文化传承发展工程重点项目——中医药文化弘扬工程中予以重点支持，纳入中医药博物馆事业统筹建设，同时河南省委、省政府也把医圣祠文化园列入"十四五"重点项目。

2022 年 3 月，国家商务部和国家中医药管理局批准医圣祠文化园为"国家中医药特色服务出口基地"。

　　谨以此文致敬医圣张仲景和中医圣地医圣祠。